湛庐文化
Cheers Publishing
a mindstyle business
与思想有关

In Pursuit of Elegance

Why the Best Ideas Have Something Missing

追寻优雅

众多的好点子都缺失了什么

[美] 马修 · 梅（Matthew E. May）◎著
常利◎译

中国人民大学出版社
·北京·

留白之美

2007年6月10日周日这天，约1 200万守候在电视机前的美国观众将频道转到了HBO有线电视台，等待收看热播剧《黑道家族》的大结局。这部连续剧，讲述了新泽西州北部的一个现代黑手党头领如何领导一帮不是那么听话的杀人越货的手下的故事。该剧8年时间里播出了6季，将20多项重要奖项收入囊中，其中包括金球奖的最佳电视剧和艾美奖的最佳剧情类奖项。《黑道家族》收获了之前只有网络节目才能享受到的赞誉，引导电视节目制作走上了革新的复兴之路，同时将HBO推向了娱乐产业的前沿地位。

该剧的主创大卫·切斯（David Chase）身兼最后一集的编剧与导演，这是他在1999年这部剧试播之后少有的动作，这就等于作出了承诺：大结局的呈现一定异乎寻常。继 2004 年的《老友记》之后，已很久未见哪一档电视节目有如此大阵仗的宣传造势。媒体评论人宣告“这是一个时代的结束”，忠实的观众纷纷在博客和网络论坛上发帖倾诉自己对这部剧的不舍，甚至连备受读者尊敬的评论家佩吉·努南（Peggy Noonan）也将《华尔街日报》上的“周末声明”专栏完全奉献给了这部电视剧，称这部剧尽管避免不了暴力画面和犯罪情节的黑手党题材，但是对我们每个人在工作和生活中所面临的重重危机的捕捉及人性的触动，却是那么深刻尖锐，以至引人发噱。以她自己的话来说：“《黑道家族》不仅仅是一部精彩的剧集，甚至堪称一部经典，它是一部稀世佳作，周日晚这部剧的结束是一个划时代的事件。”

周日播出当晚，剧集临近结束，所有人都在翘首以待揭开主角托尼·索普拉诺最终命运的那一幕。自切斯宣布大结局的播出日期以来，关于主角命运的种种猜想已经如火如荼地争论了 22 个月：究竟他会不会被“做掉”？但是，让守在电视机前等待谜底揭晓的观众大为震动的是，压在所有人头上的大问号最后并未得到一个明确的回答，他们得到的只是在最后关键的几秒时——电视机突然黑屏了。演职员表在而后的几秒滚动完之后，《黑道家族》系列剧集全部结束。

突兀中断的结局引人关注的不是这个决断本身所体现出的魄力，尽管这种做法是一次无前例可循的创举、充满艺术造诣的境界开拓。这个事件中最耐人寻味的，是对“黑屏”背后创作思路的思考，以及后续发生在观众身上的事。

观众的第一反应是——“刚刚电视信号怎么没了？”他们还联想不到与情节发展有任何的关系，而是将矛头指向了电视节目的信号，可能信号在那一刻突然间中断了。我们现在所处的时代既有有线电视，也有通过卫星接收的电视节目，认为信号突然中断的反应可能还属正常，不寻常的是每个人都是如此一致的反应："哪里出故障了？"只有片尾字幕开始滚动，才使观众意识到刚才经历的那一幕真的就是这部剧的结尾了，他们才停下来开始思考这一切。值得关注的是后面几天发生的故事。

一夜过后，周一早上接踵而至的就是媒体铺天盖地的关注报道，从《纽约时报》到 CNN（美国有线电视新闻网），所有主流媒体无一例外都参与了进来。评论家们情理之中地连声发难，指责这一集的制作不正规，矛头直指大卫·切斯，谴责他疏懒逃避，故意制造噱头，别有用心。事实上，不管托尼·索普拉诺这个人物最终被赋予何种命运，都逃脱不了会让一部分观众失望的事实，模糊的结局反而给想象预留了空间。反应迅速的一拨，像《每日脱口秀》也立即抓住这个契机炮制笑料，在自己的节目上拿"黑屏事件"开涮。不过，对于观众来说，起初被"放鸽子"干晾在那儿的那种得不到满足的痛苦很快就被另一种全情投入给冲淡了——已经播完的剧集又被拿出来回放，篦头发似的不放过任何一点细节。一同转变的还有对这一切的"始作俑者"的完全改观，人们对导演赞以"天才大卫·切斯"的美誉——只为从他对此剧公开置评时留下的一句语焉不详的声明里忽然获得了某种启发，"你们想知道的全都在里面了"。

观众意识到每一个场景都是切斯精心设计的，于是他们借助数字录影机，开始逐帧研究这一集的内容，不放过画面里出现的任何或明显或隐蔽的线索，背景音乐的暗示、对白暗藏的"话中话"，以及前面剧集里可能给出的提示，甚至包括从专业角度去分析镜头角度的转换、画面色调的变化和照明效果前后对比上出现的细微差别所指向的信息。网络上冒出的两种论调各执一词，连报纸杂志上也众说纷纭。这场对剧情的争论已经不在任何人的掌控之内，包括编剧和导演。观众制定了专属于他们自己的那个大结局，通过追踪切斯留下的错综复杂的密码填补了缺席的场景。对多数观众来说，他们都有了自己的答案，对托尼·索普拉诺究竟何去何从不再心存困惑了，尽管他们只是对剧情进行了一次完整的梳理回顾。从最初的不确定，到后来至少有三种各自对立却论调鲜明的“大结局”流传于观众之中，它们各自拥有自己坚定的拥护者，支持者们为各自的版本辩护而毫不退让。

这一段发展出的“剧后剧”里面值得注意的一点是，没有哪一种结论能对观众具有相同程度的说服力；即使是同一结论，论证的过程也不尽相同。尽管之前表示过失望，大部分评论家终于还是纷纷将《黑道家族》最后放送的这一集评为 2007 系列剧集之中故事创新的制高点，其中更有不少评论人将其奉为近年电视史上最具创新意义和最不可磨灭的一小时。芸芸众口，却独对这部剧“口下留情”。没有人否认，最后一集留下的是永不褪色的印记。

不过，又产生了一个疑问，能达到如此强烈和持久的戏剧性效果，背后究竟有什么秘诀?

问题的答案，你可能会感到陌生，那是中国古代哲人老子在《道德经》里的一段话：

> 三十辐共一毂，当其无，有车之用。
> 埏埴以为器，当其无，有器之用。
> 凿户牖以为室，当其无，有室之用。
> 故有之以为利，无之以为用。

（释义：三十根辐条凑到一个车毂上，正因为中间是空的，所以才有车的作用。糅合黏土做成器具，正因为中间是空的，所以才有器具的作用。凿了门窗盖成一个房子，正因为中间是空的，才有房子的作用。因此“有”带给人们便利，是“无”在起作用。）

大卫·切斯石破天惊的做法，抛弃了安排故事结局的常规性手法，自然也给了他足够的发挥空间，将几处角色和情节设置上的难点一并拿下。看似毫不相干的情节和一些貌似不经意的画面经他设计而相互贯穿在一起，而且面对数量可观的观众，他的大结局安排巧妙地避免了讨好一部分人但让另一部分人失落的结果，甚至吸引了更多的观众。每一个场面都有隐蔽的伏笔埋置，只有经过了更成熟深入的思考和对细节周密的考量设计才能使之成为可能，这督促着他不断提高自己的专业技能。突然出现的黑屏，因隔断而将一切立时简化至绝对的空，由于“空”本来具有的惊人能量而向外强势索求——它引导着观众将他们吸附过来。开放式的结局，才使不同观点各执一词有了可能性，这是切斯的匠心独运，用一种彻底地独出心裁、完全别具一格的观看体验来吸引观众，同时也不忘告诉观众，他尊重他们自己的智慧和创造力。

那么，是否可以说《黑道家族》的最后一集达到了十全十美？不。“完美”意味着完整，无缺。这部“未完成”的剧已偏离了“完美”的标准，但却可能立于更有力的标准之上，即“优雅”。

缺胜于满，空优于实

请注视下图片刻。三组直角线条图案所代表之物非常普遍，几乎无所不在，以至于失去了它，你会一整天都无所适从。你认出来了吗？

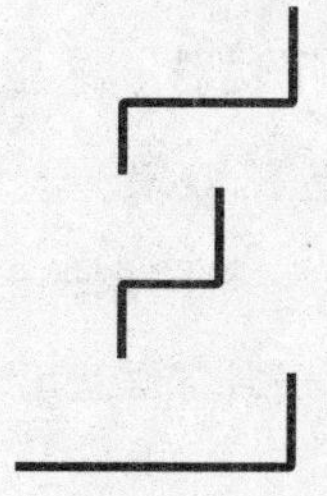

如果你辨认不出，那是因为图中缺失了一部分关键信息。但是，一旦将这部分信息透露给你，你再也找不到这幅图之前给予你的印象了。你看到的正是英语中最常用到的那个字母的大写形式。尽管这个字母整个陷在空白区域里。这么一提示，你应该可以看出来了，正是字母“E”。没有的话，那就再来看一次——我猜，从现在开始，你很难再把这个字母从你的眼睛里抹去了。

刚刚你亲身体验了一回“留白”的魅力，这可不是在客厅里闲来无事打发时间的小把戏。它诠释了这样一个重要观念，可以令局面改观、事态扭转的颠覆性观念，这一观念是成就优雅的核心理念，也是本书的核心理念所在，即“缺胜于满，空优于实”。

正如《黑道家族》的非常规结局竟然在现实中引起轰动，也正如未完整显现的字母“E”竟然能用完整的印象抓住你并且让你像对“完整”的印象一样地深刻持久，而不论起初有多么精致巧妙的伪装，一旦获得线索，你的大脑便立即活跃了起来，构筑出图像，扭转你起初的思维倾向，但这一切没有多少是在你的控制之内，你被隔离在了“话语权”之外。像《黑道家族》最后的大结局和残缺显现的字母“E”，经历过“推陈出新”之后，完整稳固起来而不受撼动，饱含着真正持久的生命力。

以字母“E”这个简单例子来说，至于我们究竟该拿走什么又该留下什么，关键是把握住这一条原则：**若能以最少限度的信息攫取到最强有力的影响，也就意味着——你创造了优雅**。这里构成图案的三组直角线条作任何一点增添，都会妨碍获得预期的效果——当字母“E”进入意识的一瞬间那一惊的强烈程度。字母“E”完整印象的形成，当然依赖于你从过去记忆里把它找出来，正是这样一个极其简单却同时“近乎深思熟虑”的周密严谨的重新建构过程赋予了“无”展现其惊人能量的机会，生成了当前的“实在”。总而言之，别大而化之地就把优雅当成了简单的抹除，因为这里面还有与“无”的协调互动，协同发酵。

不论大卫·切斯是有心还是无意，事实摆在这里，他导演的《黑》剧大结局正是善加利用了“留白”或者老子所说的“无”的那种不为人知的塑造的无限可能性。切斯所做的，也是各行各业中出类拔萃的开拓者们和那些成就辉煌的杰出个人在做的：通过适可而止地留下一些线索，手法新颖地激发出观众自己的想象力，创造性地给他们的主动发现制造了机缘。

尽管这不是一个全新的观点（毕竟老子的思想已经流传 2 500 多年了）但是一方面它的价值依然鲜为人知，另一方面它的意义却并没有因时代的蜕变而松动半分。如果我要你告诉我，无论身处哪种情况，对你来说，最容易做成的一件事是什么？很可能你会漫不经心地耸耸肩，直觉地丢下一个毫无悬念的答案给我：“什么也不做！”不过，什么也不做，可不容易呢。事实上，“无为”恰恰不是你最本能和最自然的反应。

让我举一个例子来说明。设想你正在非洲探险旅行，途中遇到一头河马妈妈正悠闲地带着孩子徜徉在阳光普照的河里。为这温馨的一幕你正准备按下手中的相机快门，母河马却突然作势朝你冲来。如果这时你的反应跟大多数人一样，你当然会拔起腿来拼了命地逃跑，怕是连猎豹都要嫉妒你奔跑起来的惊人速度。可是，《国家地理》杂志的探险记者博伊德·马特森（Boyd Matson）却告诉我，即便你能用 9 秒的飞人速度完成百米赛跑，你也不该逃跑。这里你应该清楚的一点是——追赶母河马可是博伊德日常工作的一部分。照博伊德的说法，你应该一动不动地站着，换句话说，什么也不做。不过，眼看着一只被激怒的 2 吨重的大家伙发疯似的朝你冲过来，什么行动也没有几乎是不可能的。

加之，如果告诉你在接下来 5 分钟的时间里一直保持不动，我敢打赌，你不可能做得到。无疑，这期间任何动念都会令你功亏一篑。我们通常所认定的最容易做到的事——什么也不做，在现实里却往往是最难办到的一件事。

见与不见

一次契机，让企业管理专家同时也是畅销书作家的吉姆·柯林斯（Jim Collins）教授悟出了“无”可能为一个人带来的价值和意义。早年自斯坦福商学院毕业之后，他曾就职惠普公司，终日劳碌奔波、疲于奔命。只有他从前读书时最喜欢的一位教授看出来他当时的状态其实并不健康，告诫他加强自律管理。这是一位创意创新学方面的专家，她告诉柯林斯，他天生是个精力旺盛的人，事事勇于进取，不过事存两面，热度过高的头脑压制了取舍有度的冷静思路，因此他才会过着一种看似忙碌充实，实际却似一盘散沙，缺乏真正追求的生活。她的话确实戳中了他的现实处境：那些日子，柯林斯正以勃勃雄心全力以赴地投身于他精心设定的年度“拓展目标”，并且自信于以自己的才能实现目标完全不在话下。这都不足道尽，他全部的生活都被“平步青云”的职业抱负挤得满满当当。

教授一语惊醒梦中人，他拉下自己那台永动机的闸门，叫停之前挤满他的生活和精神的“雄心壮志”，重新审视自己每天排得满满的日程表究竟有何真正意义。为帮助自己的学生，教授付出的一番苦心使她完全称得上是一位伟大的老师，她设计了一种任务型课程，叫做“20–10”测试：假如你刚刚继承了一笔价值 2 000 万美元的遗产，且无任何留置权，但你的生命却只剩下十年时间。在这种情况下，你将如何对自己的生活另作安排？——特别是，你会停手不再做什么？

这项测试恰如其分地达成了课程设定的目标——让柯林斯从营营役役中抽身停下，开始思索自己生命中至关重要的究竟是什么。他的人生自此发生了重要转折，让我从三个方面来细说。首先，他开始明白之前的自己是在一条错误的人生轨道上奋力奔跑消耗生命，是在为错误的人生追求无谓耗费大量精力。实际上，他忽然意识到自己厌恶现在的工作。之后不久他便辞职，重新回到斯坦福大学开展新的事业，作研究，教书和写作。

其次，教授特别设计的“20-10”测试，成为警钟，时时给他提醒，手中的时间是何等重要和珍贵，不容轻视和轻用。如今每年伊始，他都会做一项工作，甄选出这一年不做什么，总会在每一张行程计划表上列举出一些标记为“不再做”的事项。柯林斯更著书立说将自己的亲身实践广而告之，努力使他的读者能够意识到除了“必做事项”清单之外，他们绝对必须再给自己列举一张“停做事项”清单。从实际操作角度上，他建议培养出一种严格的自律，先深思熟虑之后依照轻重缓急原则列出待达成的目标，然后逐次将居于底部 20% 的项目从清单上除去——且永远不予考虑。

最后，受这套数字的启发，柯林斯发展出了一套开展学术研究的重要思路，有助于他的企业管理案例研究，有助于对那些促成“优秀”企业向“卓越”企业转变的关键性因素做出判断。他发现，那些卓越的企业会把对“利润”“激情”和“成熟”这三项准则无显著贡献意义的业务，定期从企业的经营活动中清理出去。“利润”指标意味着仅开展令企业与顾客互惠双赢的经营活动；“激情”指标意味着在追逐金钱利润之外拥有更崇高的旨趣追求；“成熟”指标则意味着以超越产业竞争的战略思路无可挑剔地达成企业目标。三项指标必须都满足了，才有资格成为这些卓越企业的保留经营项目。

吉姆·柯林斯曾就“掣手”（stop-doing）写过一篇发人深省的文章，发表于《今日美国》：

> 一件伟大的艺术品不仅包括你在成品里所看见的那些，还有你看不见的那一部分，有了这“见”与“不见”，一件艺术品才成就了自己的伟大。正是宁愿将作品中不协调的部分割舍出去的严格自律（即使舍弃的部分可能自己在其中已经倾注了数天甚至数年的心血）区分出了哪些人能够成为真正非凡的艺术家，甄别出哪些作品可以被列为完美的杰作，不管是一首交响乐、一部小说、一幅画、一家企业，还是我们最重要的人生。

应该不做什么

如此来说并不算夸张，柯林斯之论打通了我身上原本阻塞的“经脉”。其时，作为丰田汽车公司的特聘专家，我正疲于应付一份特殊却挑战重重的工作：丰田每年都有创意被成功付诸实践，我要做的就是找出这种不可思议能力背后支撑的流程并教导给丰田大学的学员。当读到吉姆·柯林斯的那篇文章时，我才突然意识到丰田公司每条成功的创意背后其实无不有“掣手”哲学在起作用。

我才忽然发现自己一直以来看待问题的角度完全错了。我是以本能直观的方式在处理问题，一直在试图找寻“应该去做什么”而非“应该不做什么”。但是，一旦转换视角，“丰田生产方式”创始人大野耐一（Taiichi Ohno）那一番自负的理论在我看来俨然已经成为对“不在”和对什么掣手以及如何掣手的探讨。“雷克萨斯”当时已经是全美豪华车销量最大的品牌，这款品牌车型的成功，给我适时提供了一宗出色案例，实际演示了一家伟大企业是如何以“激情”“成熟”为标尺创造奇迹的。谈到实际问题的处理，对“不在”的关注，经常能与“已在”的探讨平分秋色或者更有力，因为这一不凡的视角提供的是一种完全新颖的看待这个世界的方式。实际上，它如同一块滤镜，让现实以另一种全新的独特的方式重组，看过了这片风景，你的生活也会从此发生转变。

为分享这一令人称奇的新颖视角，我写了《优雅之道》(*The Elegant Solution*)这本书，以丰田公司这块敲门砖，尝试打破遮蔽在读者眼前的那层迷障，在创新上发现一种从根本上不同于往昔的全新思路。不过，由于丰田公司作为一家享有世界性声誉的成功企业，让人们只是局限于企业文化来看待这个例子，我实际看到的其实是可以推而广之的更宽博的理念，很可惜不能在这本书里充分展开来。优雅的本质究竟如何神秘莫测，以及优雅之道能发挥出多大的潜能，有待从更广泛的领域和更广阔的视野进行探讨、揭示。

也因此，我的人生转入了下一轮风景。“掣手”哲学被应用于我自己的人生，我放下了管理顾问的工作，为了能够专注于著书立说和教书育人，并独立展开对优雅之道、优雅之法的研究工作。两年时间里，我都在对这一概念进行深入挖掘，多方收集“以更少攫取更多”的案例，试图通过对更多相关人和事的研究获得更成熟更有深度的认识。后来我发现，如果你知道了该看哪儿、该看什么，什么是本质、什么是真的难得，字母“E”这个例子中展现出的优雅的核心理念——“留白”之术，几乎无处不在，总会有那么一些人以他们特有的领悟力精于此道，不论手中握着画笔还是奔跑在竞技场上，是实业家还是建筑师，是在探讨科学还是经营俗世生活。

对于那些已经浸淫此道，通过对这一强有力且独一无二律法的躬行实践，将他们的创意、工作和生活打磨得更光鲜亮丽、熠熠生辉的个人、团队和企业，我会从中选择出一些介绍给你。本书中我主要的任务，是为回答这样一个问题：究竟我们能期望发现什么和学到什么，从而更有可能依循此道以行安身立命之事。不过我想提醒的是，这里提供的案例是精心选取的典范，做到包罗万象、全面详尽是不可能的。美国作家梭罗（Henry David Thoreau）不就曾说过："如果你掌握了原则，何必去关心那亿万的例证及其应用呢？"我要做的也并非是将"优雅"理念的实现具体分解为一个个步骤指南。不存在一剂服帖的灵丹妙药，也不要希冀会有什么秘制神方容我们有捷径可走——只为"优雅"无骨，难画难描。

何以优雅有如此惊人的能量？其中道理，并不彰明较著。但是如果我们能够设法破解其中奥秘，便可以期待对其背后的智慧窥得一二，从而融会贯通举一反三，得其法、行其道。换言之，我所探寻的是更能推而广之的实用前景，一个能为世人行事、思维带来颠覆意义的深广观念。

诚然，这是源自东方的智慧，得益于早年供职于东方企业时浸淫于其文化的思想结晶。但这并非全然的东方玄学，其背后亦有理性可循。根据美国伊利诺伊州立大学的心理学专家所做的一项实验，他们将一幅显示"丛林中的大象"的图像呈现给一组来自全美和亚洲、覆盖各年龄层的研究对象，磁共振成像结果显示，在研究对象当中分别触发了不同的脑部活动模式。总体来说，所有的美国人，负责物体识别的脑区域受到了激活，但亚洲人则显示了不同的脑活动机制。具体说来，亚洲人看到的是丛林，之后才注意到丛林里有一头大象；而美国人看见的是大象，对丛林没有过多地注意。这一趟"优雅"之旅，我要发现的是那一片有大象出没的丛林，而非专注于对是哪一品种大象的盘查深究。

为了能将这一概念展现得淋漓尽致，我们需要从不同的应用领域和表现形式对“优雅”进行全面考查（艺术家们的经验告诉我，这么做有助于“真相的显现”）；我们需要对优雅的品质及其生成维度有一些了解；我们需懂得为何它的影响力所带来的冲击有不可抵挡之势；我们需掌握其冲击力背后支撑的减法过程；我们需能有举一反三灵活运用这种智慧的能力；最后，我们需要明白何以优雅之道如此难以掌握，妨碍我们行优雅之法的困难究竟是什么。完成这几项目标，距离优雅的本质就不远了，同时也形成了本书的叙述思路。

优雅的本质

可是也许你还会问，优雅之道究竟有什么意义，为何我们要如此看重？因为在这个世界，“放手不做”其实有很多层面的深意可供挖掘，颠覆性的重塑价值将带来令人惊喜的深刻变化，如果“放手不做”比“做”更有力，那么我们所处的世界就不会是今时今日这个我们所熟悉的世界了。因为当今社会面临的最紧迫的挑战——能源问题，急需可持续性解决方案，而“节制”原属优雅之道；因为如果不换上崭新的视角看待世界，我们无疑会屈服于之前已经为自己制造无数困境和难题的老旧的思考模式；因为土地、劳动力和资金这些珍贵的生产要素，一直处于稀缺不足的状态，甚至在一些国家和地区，这些稀缺资源已经出现萎缩之势或者已经被消耗殆尽；因为天性使然，应当削减时我们却倾向于增加，应当驻足思考时我们却迫不及待地行动起来；因为我们需要一些方法来坚持践行以简洁之道来创造价值，放弃不能带来价值的臃肿庞杂的做事方式；因为我们需要学会如何通过清理掉无足轻重的部分，为更关键的部分留出空间……

我们都能或深或浅地达到某种境界、某种层次上的优雅，然而它仍然时常跳脱出我们的掌心，不在我们完全的掌控之内。仅仅为了优雅何以如此神秘莫测、忽明忽暗和难以捉摸，我已经足以被吸引着尝试去无限地接近那个真相。

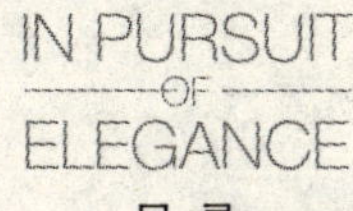

目录

IN PURSUIT OF ELEGANCE

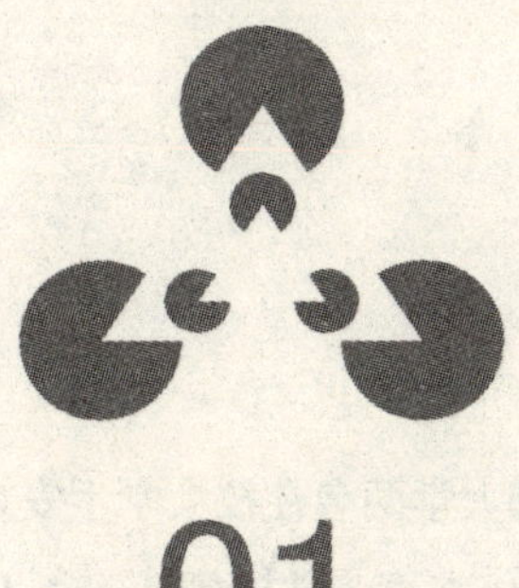

01

“优雅”的四要素

IN PURSUIT OF ELEGANCE

2000年秋，哈佛大学两名在校大学生安东尼·德尔维齐奥（Anthony Delvecchio）和杰森·科拉姆宪德（Jason Karamchandari）推出了一个叫“校巴姑娘”的网站（ShuttleGirl.com）。网站宗旨再简单不过了：帮助身边同学应付每学期学校里那一张错综复杂、简直让人晕头转向的校巴时刻表。在网站上，两个年轻人留下了一段打趣的话：

> 不用说，每个哈佛生都难逃要加入“搭巴一族”，善良的“校巴姑娘”希望能让你的“搭巴”生活变得轻松一些。想想吧，我们都已经见识过那张时刻表了，也见识过二十岁的小伙子大姑娘是怎么哭鼻子的——晚上10点在“Qad-bound”站搭上车，结果却在10点25分拖着疲惫的身体又重新回到了科学中心，我们都知道那是Qad-bound的前一站，也是终点站。实际上，校巴时刻表的编制相当复杂。现在这张时刻表究竟有多复杂，甚至有人说要弄懂它，须得懂得运用博弈论。把这一切都看在眼里的“校巴姑娘”现在要出手了！

对德尔维齐奥、科拉姆宪德和所有“搭巴一族”来说，校巴时刻表意味着“高深莫测”、信息不全、不方便、不实用、不准确和不顺眼，总之就是混乱。他们二人创建“校巴姑娘”的初衷只是为了能提供充足的、及时的信息，并且以一种方便快捷的方式来提供服务，让“校巴客”们用起来省时省力。

除了提供线路信息之外，“校巴姑娘”又额外提供几项便捷服务，包括可以手机联网下载的实时更新。与谷歌联合创始人拉里·佩奇（Larry Page）和谢尔盖·布林（Sergey Brin）做法相似的是，德尔维齐奥和科拉姆宪德也是二人强强联手，又加上电脑那只“精明头脑”达成三强联合，拥有自己的创新技术，且背后都有强大的算法程序支撑，把专业上的艰涩“难啃”都保留在后台，让用户看到的只有简洁便捷的交互界面。

他们用引人兴趣的谜一般的人物图片作为网站标识：起初是一个身份不明的流行歌星的剪影图，后来换作一张没有完全显示出来的神秘女生的照片，正应了那句“千呼万唤始出来，犹抱琵琶半遮面”，结果在整个哈佛校园里掀起一阵关于“校巴姑娘”真实身份的热烈讨论。

两人设计的平台获得了巨大的成功，就连马萨诸塞湾交通局和波士顿公共客运系统都采用了该系统来支持其整个通勤铁路时刻表的运作。不久，又有 6 座城市和几所大学购买了他们的系统。这对搭档也因为市场反应太好的缘故，组建了一间叫“Second Kiss Wireless”的公司，负责“校巴姑娘”平台从校内走向校外的市场推广。

2001 年 6 月，在接受校报《红色哈佛报》（*The Harvard Crimson*）访问时，当谈到“校巴姑娘”的方便好用时，德尔维齐奥说：“一套算法程序就包办了一切。在我们眼里，‘校巴姑娘’真是难以置信地优雅！”

美国北卡罗来纳州夏洛特市的戴维森学院（Davidson College），由获奖作家兰迪·纳尔逊（Randy Nelson）授课的短篇散文 / 小说写作班，课程以一项不太寻常的任务开始：每位学员必须用一盒 250 支装牙签、一段 90

厘米长绳子和一管 70 克的胶水搭建一座至少两支牙签高的桥，这桥需得结实有力，能承重一只砖块。纳尔逊解释说，设计这项课程任务就是为了训练每位学员都能找到“一个属于他们自己的优雅之道——简洁、美观、有力以及绝对的原创”，这座桥需得“用到每厘每寸的绳子、每一滴胶水，当第 250 支牙签落定，便是豁然开朗时”。纳尔逊介绍说，课程设定的目标非常明确，就是要让学员创作出好小说，而“好小说”在他的标准里，也同样必须是美的、原创的、结构严谨的，找不出一句多余的话，当最后一个字落笔时就意味着你已经把一个不同凡响的世界创造出来了。

1983 年，美国上演了一场久持不下长达 6 个月的政治争斗，将白宫、国会和民权组织都一并卷入其中，险些导致美国民权委员会解散。事件的导火索是时任美国总统的里根突然宣布提名三位新委员进入民权委员会，而且均为男性。其时，国会正要立法以推进民权委员会继续运作，而里根此举则将这项悬而未决的立法变成了一枚一触即发的“政治地雷”，因为不论民权组织还是国会都认为，委员会的独立性和两党共治惯例受到了里根政府行政干预的威胁。

于是，参、众两院提议重组民权委员会，令其并入国会，不再隶属行政部门。但参议院各党派领袖对于重组新委员会进入立法机构的构想却未能达成一致决议，同时又不敢放手将这项议案交付表决。与此同时，众议院经投票决定，如果民权委员会维持现状仍留属行政部门，众议院将不再提供经费支持。随着委员会运作届满的日期飞速临近，各方争论也日益白热化且昼夜不休。眼见几乎就到了吹灯拔蜡的时候，参议院终于提出一个折中方案：新委员会将作为一个混合机构继续履行职责，任期 6 年，设委员 8 人——民主和共和两党各占半数，其中 4 个名额由总统任命，另外参、众两院各享有两个名额的任命权。这项决案将委员会任期与总统任期巧妙错开，且规定非重大事故不受免职。只是如此简单一招，就行之有效地保证了相关各方利益。《纽约时报》（*The New York Times*）事后评论说：“这是一个优雅的解决方案。”

既然担得起这“优雅”一词，必定意味着在处理这些庞杂不一的各类问题过程中，一致流淌着某种独特不二的精髓之法。不论是德尔维齐奥、纳尔逊、还是《纽约时报》，他们对何谓“优雅之法”看起来有不谋而合的地方。所谓优雅之法，必定自成一格；至于如此独树一帜，是由于其无出其右的两种难得：一难得简单，二难得有力。简单却有力自然是不凡之道；处理复杂问题时，优雅法则能借极少而得更多。“优雅”确实是非常令人向往的品质，只是不容易对它的具体形式加以描述，现实中它的辗转演绎精妙难书。

以高度概括的数学公式来阐述纷繁复杂的现象，这是科学家、数学家和工程师一直所追求的境界。艺术家和设计师善用“留白”或者“负空间”来传达视觉张力。演奏家和作曲家善用一段乐曲中间的停顿——静默，来制造情绪张力。运动员和舞者探寻以最精练的肢体动作来达到最美或最有力的效果。在日本，有一个字，“涩”（shibumi），它是建筑师和武士所崇尚的境界。这个字没有定义，但确有其含义，简单说来就是“不着力而具力”。在医学界，为了给病人的症状全貌开出唯一的诊断，医生会引用“奥卡姆剃刀定律”（Occam’s Razor，如果对于同一现象有两种不同的假说，我们应当采取比较简单的那一种，直到发现更多的证据），将种种可能性逐级删缩，直到获得一种最简单的诊断结果。还有影视剧导演、小说家和歌曲作者，他们都在尽力向我们述说一个故事，这个故事看起来可能很简单，却往往蕴藏了多重的深意，以至能够在我们的精神世界里引起极大的共鸣。

不过，无论我们多么向往这种境界，优雅却是扑朔迷离、难以捉摸的。虽是一条法则，它却拒绝被归纳。也许这也正解释了为何“优雅”难得。当这些稀有的“优雅”进入你的视野，那种经历几乎总是异常深刻：它让我们的思维突然顿住，转而顿悟，还会情不自禁地发声感慨——通常此时还会轻轻地一拍额头："可不是嘛！"它能转变我们看待事物的眼光，而且永远地转变了。

《韦氏新世界词典》中给出的新定义，是如此解释"优雅"的："以简洁、印象深刻和独出心裁为其特征；作为处理问题的一种风格，能巧妙地做到恰如其分和简单。"不过，是否有一种更直观的方式来更好地解释"优雅"究竟是什么、不是什么，它的含义是什么，它又是如何发挥作用的？

克努特的优雅之道

当你走进唐纳德·克努特（Donald Knuth）教授在斯坦福大学计算机系的办公室，几处细节会立即引起你的注意：他更喜欢用便笺簿和铅笔而不是电脑，他习惯站着工作，而且不用电子邮箱收发邮件。这些细节让人感到不太寻常，因为唐纳德·克努特可不是一位普通的教授，他对计算机科学的特殊贡献，使得他被领域里的专业人士尊崇为"计算机科学之父"。

克努特对计算机和编程的热爱始于半个多世纪之前，那是1957年，大型计算机刚刚兴起不久。"IBM 650对我有一些特别的意义，"克努特在一部回忆录上谈起那段岁月，"全是因为它，才有了我这大半辈子做过的那些事。"

到了第二年，克努特已经在为IBM 650编写指令代码了，还起草了用户使用说明书。克努特早年编写的程序中有一个能对篮球队每名成员的表现作出自动评估的程序，在当年还吸引了哥伦比亚广播公司晚间新闻档的专门报道，并被形容为"魔法程序"。

克努特用几十年时间编纂了《计算机程序设计的艺术》（*The Art of Computer Programming*）多卷本，很多人都将这部大部头著作视为计算机科学领域的旷世奇书。借加州大学一位教授的话来说，克努特“将优雅引入了程序设计”。克努特的观点是，程序员编写程序代码应当更像文学写作，让普通人也能轻易阅读和理解，而不仅仅只是在计算机之间传阅。按照克努特的观点，优雅的程序系统需得以一种相当透明的方式进行编写，不仅能让别的程序员借鉴学习，甚至让他们愿意坐在炉火前享受阅读的过程，那份惬意“就像在阅读一篇行文优美的散文”一样。

克努特最爱的演讲主题中有一个就叫“破解谜局”。他知道自己随时愿意为一个问题找到优雅的解答方式，一经在头脑里酝酿纯熟，他甚至用不着拿笔记下。尽管经历了五十年的发展，软件编程已非昔时之景，但是他编写的排版系统 TEX，直到今天仍是全球学术排版的不二规范。

唐纳德·克努特是怎么来定义“优雅”的呢？“对称，愉悦得令人难以忘记；节约，像 $E=mc^2$（爱因斯坦著名的质能等价方程式）；简洁，而且能不朽地循环下去。”

这些标准听起来有一点神秘，兴许不用那么惊讶，毕竟克努特的整个世界都是在围着代码转，而代码就是“神秘”的代名词。

那么，对于他话里的意思，我们该如何来解读呢？

数独的优雅之约

1782 年，名叫莱昂哈德·欧拉（Leonhard Euler）的瑞士数学家为一种叫“拉丁方阵”（Latin squares）的数字阵列撰写了一份研究文章。拉丁方阵是对称性的（n×n）栅格矩阵结构，横竖各行都必须严格是 1~n 的数字，且每个数字仅可在各行各列出现一次——这是唯一的规则。举例来说，如果是七行七列（7×7）的方阵，从 1~7 这 7 个数字会严格地不重复出现在各行各列中。

将时间快进至约两百年后的 1979 年，这一年美国戴尔出版公司的解谜类杂志登出了一种被命名为“数字拼图”的智力谜题。而在此之前，印第安纳波利斯的建筑师霍华德·戛纳斯（Howard Garnes）闲来无事将欧拉的拉丁方阵作了一些调整后，设计出一种基于原始方阵而又有新变化的 9×9 矩阵。他在 9×9 的大九宫格里增加了 9 个 3×3 的小九宫格。对任一小九宫格来说，每一格都可由从 1~9 的任一数字来填充，前提是必须满足每个数字在小九宫格的每行每列中不重复出现的要求。游戏最终达成的目标，当然了，是用 9 个数字将完整的大矩阵全部填充以保证是一个 9×9 拉丁方阵。81 格中有一些方格中的数字会被提前给出作为解题线索。

之后不久，在 1984 年，日本 Nikoli 出版公司首次引进这种数字游戏并发表在自己的报纸上，但同时增加了谜题难度：事先给出的提示数字不会超过 30 个，且这些已知数的布局必须是严格的镜像对称。Nikoli 公司给游戏起了个新名字——“数独”（Sudoku）。短短几年内，“数独”便在日本成为风靡全国的游戏。

2004 年，中国香港地区的退休法官韦恩·古德（Wayne Gould），同时也是一位“数独”迷。他用一趟伦敦之旅向《泰晤士报》成功推荐了数独游戏，说服编辑在他们的报纸上进行刊载。在 2004 年 11 月 12 日发行的《泰晤士报》上，每日“数独”专栏首次亮相。“数独”热风也吹到了澳大利亚和新西兰，因为次年在当地像《每日电讯报》《每日邮报》这种发行量可观的报纸都开始对“数独”进行跟风刊载。2005 年 7 月，英国天空卫视第一频道（Skyone）发起了世界上最大的“数独拼图”计划，一个跨度 84 米的巨型拼图，被凿刻在布里斯托市（Bristol）附近的一座山坡上。

到了 2005 年年底，世界智力谜题联合会（World Puzzle Federation）已

经宣布"数独"是世界上排名第一位的逻辑智力游戏。今天，"数独"有了网络游戏版本，以节目秀和比赛的形式出现在广播、电视上，爱好者办起了数独俱乐部，解题攻略进驻书店或制成光盘发售，并且演变出了用扑克牌来玩的数独游戏，还有了自己的赛事。2006年，意大利主办了首届世界"数独"锦标赛，玩家团队们闻声从世界各地赶来参加比赛。在自己的国家技压群雄成为"数独"王已难乎其难，而在这类国际性赛事中智力倾轧甚至会上演得更激烈跌宕。

威尔·修兹（Will Shortz），《纽约时报》著名的填字游戏专栏编辑，世上仅有的一位拥有谜学（Enigmatology，致力于密码和谜题研究）学位的人，他素以"数独痴"自诩。到2006年年底，"数独"已是一股席卷全球的劲风潮流，每天有数以百万计的人沉迷于其中。

那么，"数独"与克努特之间有什么关联？让我来告诉你，这正是生成"优雅"的要素。"数独"完美契合了克努特所定下的"优雅之约"，我们可以借此从中获得一种简洁明晰的对"优雅"如何生成的领悟。

首先，无论是从内到外都是对称性方格的结构还是提示数字在宫格中镜像对称的布局，都符合克努特的第一条准则，即"数独"是"对称"的。其次，它具有饱满的诱惑力。"诱惑"的程度已经是不可抗拒乃至心甘情愿的沉迷，这其实就是对克努特口中"愉悦得令人难以忘怀"的另一种表述。威尔·修兹坦言，他对"数独"的痴迷源自那些还陷在"谜局"之中的空格，它们像是在发出呼唤，引诱着你去填满。而这种缺失是有意为之的，以克努特的第三条准则来说，最好的描述就是——这是一次"精减"过程。"数独拼图"设计者事先都会精心设计出一套逻辑上完备无瑕的解答图，再以对称性的布局考虑将满格数逐步减少，随之显露出谜题的初始状态——大面积空缺的状态。最后，无论从谜题的创建可以无限重复而不枯不竭来说，还是就游戏本身对于玩家不会衰败的吸引力而言，这种游戏都是可以不朽的，而这种不朽性同时也是前面三个要素的必然所归。换言之，游戏本身有一种“自在而不朽的意味”。

实际上，“数独”很容易学会：你甚至可以不用从 1 数到 100，它全部的游戏规则用一句话便可说尽了，只消一分钟你就能上手开始玩起来，而且不像填字游戏需要玩家具备一定程度的文化水平，并且也受限于特定的语言文字。由于数字本身只是符号形式，从而保证了它的普及性。但，“数独”的解题逻辑背后所暗藏的复杂与挑战也可能是超乎寻常的。

优雅的四大关键要素

“对称”、“诱惑”、“精减”以及“不朽”，这些即优雅生成的关键因素，也是帮助我们找回遗失部分，反败为胜的可循规律。

“对称”帮助我们应对现实处境，无论是结构、秩序还是审美。我们生来是“对称”的依附者，在眼及之处探寻着这种平衡。大自然一直在无止境地重复着自己，而其中绝大多数的物质存在形式都被赋予了对称性的结构。这种对称性几乎存在于每一种生命形式里，而我们也总是将其等同于美与平衡。事实上，几项研究已经证实，人的容貌越显得对称越能被大多数人认可为富有魅力。不过“对称”的意义并不仅限于生物学的范畴，它贯通了数学、自然、科学和艺术所有的这些领域。我们其实相当擅长发现“非对称”的存在，并对这种发现加以利用，至于为什么我们能做到这一点，原因在于——当人的经验里出现了某种程度上的不对称，我们天生倾向于去“填补”上那太过显眼而难以视若不见的缺失的一块。当原本完整的对称形式显露不全或是当已知的信息不齐全完备时，是事物明显或暗含的对称性使得我们能够顺藤摸瓜最终蔓引株求。当“对称”开始发挥作用，看似缺失的部分总是趋于完整；看似不在的东西，其实它从未离开。

以《黑道家族》为例，当观众未被给予一个标准的故事架构，被迫接纳一个真正意义上不可以被称为开头、高潮和结局部分的故事，起初这令他们的观看感受充满了困惑与不安。但是，当剧本的创作者亲口道出缺席的部分其实“就在那里”时，疑虑被打消了，他们开始主动为故事寻找一个结局——他们索要的那个“真相”，以复原他们知觉印象里的不对称。“对称”的意义在于可以让你尽早发现那个字母“E”，在“数独”中，“对称”的意义显而易见。

“诱惑”解决的是如何为观众创造出参与的空间，从而吸引注意，激发出想象。太满会失了余地，通常不如隐约的提示达到的效果强烈。只有保留想象的空间，允许各执一词的叽叽喳喳，才会创造出不可抗拒的神秘气质，而受引诱的我们除了寻找答案别无选择。“诱惑”就是因为这一点余地，让我们“有所不知”或“不尽知”。我们的“不知道”会将我们所有知道的那些都远远逼进墙角里去，在我们的头脑里制造出大片亟待充满的空白。我们之所以“倾心于”未知，正因为它是“未知”的。好奇搔弄着我们的心，催促我们补全所有的“空缺”。

“校巴姑娘”背后的两个年轻人就很懂得制造“神秘气氛”并为其所用。校巴姑娘真正的身份是谁？他们不说。这不是学生仔玩的低端把戏，事实上，这是一个聪明地抓住了学生群体兴趣点的营销手段。

神经学家研究人的积极情绪时发现，像玩“数独”、主动为《黑》剧补全大结局这种有高快感回报的活动会激活大脑“激励中心”的新纹状体，这是一个和快感联系在一起的区域。新纹状体还与部分额叶皮层连接，它是影响逻辑思考和意志行动力的区域。成功做出一道“数独”题，或是解开了悬疑小说中的谜局，都会释放出多巴胺，一种与快感和成瘾行为有很大关联的神经递质，它能释放影响玩家情绪的兴奋感，进而使其渴望更多。实际上，威尔·修兹不就确定无疑地称自己对“数独”上瘾了吗？

“精减”是让我们行节约之道。少做并有所保留，不是我们天生就会的。人类向来是“无中生有”者，生就得擅长争取、搜集、囤积、储藏，最后再消耗殆尽。大概这也是为什么仓储式超市好市多（Costco）如此成功的原因了——它成功地让我们从把三十六卷厕纸抱回家这种囤积行为里寻觅到了一种奇异的安全感。

而难就难在这里了，因为我们其实都有与上面例子里显露出的一样的心理和嗜好，必须要用什么“填”满自己的生活，不给自己的生活“添”滋提味便觉得不舒服。“优雅”反的就是我们这执迷不悟、顽固不化的陈年旧习，所以你才看它如同滑溜溜的一条鱼，抓住又蹦远了。这样难得其法只因为你稍稍的一个不注意，思维便一转头又回了老路。不管现实处境中论及一种产品、一次表演、一个市场，或一个组织，我们对填添之道的沉溺都只会导致失衡、超负或是浪费，甚至同时产生这三种后果。所有这些危害，现实生活里我们都会遇到，而如何作出选择，就决定我们距离优雅是更近，还是更远了。

那么，“因失获利”果真现实？“以少见多”确实可行吗？

身为全球最富创意的公司戈尔（W. L. Gore and Associates），为了最大程度保护员工的创意表现，完全废除了职衔，公司内部也没有传统的上下级关系；丰田旗下以年轻人为目标客户的品牌赛恩（Scion），一不做广告，二是不在汽车配备上严行标准划一，让排斥广告、宣扬个性的Y时代（“70后”、“80后”）消费者能以时尚化定制来彰显个人风格；欧洲在器官捐赠问题上有一个“不作为”策略：除非你选择退出，否则便默认自己为捐赠者，结果如今欧洲器官捐赠人数几乎是美国的4倍；英国在线银行（first direct）不设分支机构，却成为英国口碑最好的银行；法国FAVI铸铜公司取消了人力资源部门，却以此改善了员工关系；荷兰的城市废除了交通管制，交通状况不仅因此改善，也相当显著地抑制了事故的发生。

所以，答案已经很明显了，而关键在于，知道该减什么，以及如何不出一丝差错地减。最后一个要素——"不朽"，正是要帮助我们解决这个问题。找出一个既简洁又可以反复操作、无限循环下去的有机形式，让解决方案也具备自己的生命，拥有长久的生命力。若要抵达优雅之道，并对不同问题情境始终可以找出优雅的应对之法，我们首先要做的就是转变我们看待和处理问题的眼光及思路。掌握"对称"、"诱惑"和"精减"的真实含义，根据不同的问题情境灵活玩转变通，让它们真正有用起来，或者说真正用得起它们，所谓真能做到"为我所用"。当你学会了尝试将问题一次性彻底解决且不再复发的思路，即可持续式思路，就能接近上述目标了；因为这一思路是要帮助我们形成一个自取不竭的过程，不断从中汲取出"空"之潜能。

"对称"、"诱惑"、"精减"和"不朽"，四个优雅因子搭建出一个稳固的有机结构，从中我们可以看出这些要素是如何在优雅之路上善司其职的。不过尽管各行其道，却只有当这四点同时不相冲突地紧密结合为一体且相互制衡时，才会有我们所寻求的简洁、有力之道。比如，减法过程对"对称"并不必要，甚至对称本身已经意味着为求结构上的和谐而必须进行删减，体现出了精省的品质。事物具有精减的品质，不代表就是诱人的。"诱惑"也不自动指向"不朽"，反而可能惊鸿一瞥、稍纵即逝。事实是，优雅的四个要素轻易地便互不相容了。优雅，意味着同时"对称"、"诱惑"、"精减"和"不朽"。如何悠游于四条准则之间将其收拢为一体，需下一番工夫，不仅要从逻辑上进行制衡，还需得有创新的能力。

优雅，曲折迂回之后的简单

经济学家爱开这样一个玩笑，说通货膨胀解决起来其实非常简单：你卖东西的时候降价，买东西的时候钱少给。之所以是笑话，当然是因为这所谓的办法根本不是什么办法，解决不了任何问题，因为它把问题过于简单化了，忽视了造成通货膨胀的实质原因。遗憾的是，实际生活中却经常能见到有人上演这一类笑话。2003 年，三菱汽车（Mitusubishi）为提振在美国市场委靡的销售业绩，推出了“三零”促销方案：零订金、零付款、零利息（一年内免利息）。可惜的是，促销计划最后收获了和方案名称一样的效果——“0-0-0”。促销一经推出，上千人赶来分抢这一杯免费羹，白领了辆新车回家，但开了一年之后，他们却拖款不付，三菱公司只能将车收回。这一大笔坏账让三菱损失了近 5 亿美元。方案之所以失败，是由于他们忽略了更复杂、更该一探究竟的源头问题——为什么没人想买三菱车？

20 世纪初担任美国联邦最高法院大法官的霍姆斯（Oliver Wendell Holmes Jr.）曾说过这样一番话：“我不会在乎未经历复杂的简单，但我愿意为复杂之后的简单付出全部身心。”他的意思是，必须经历过对复杂的欣赏、容纳，然后超越、抵达一种划一之境，此时才是真的优雅。“优雅”一词，每逢提及，我们都是在赞叹一个问题的解决是如何同时做到了两种难得：难得如此简单地达到了难得的惊人效果。切中疑难问题的实质一针见血，让人毫不怀疑问题得到了完全的解决，或者至少相信最终能被完全地解决。优雅地解决，是一劳永逸地解决，不旁生枝节。换言之，简单未必优雅，可但凡优雅的一定是简单的。

优雅是一种曲折迂回之后的简单，经过巧妙的设计，能调动人的情绪，充满非凡的智慧。它不应与另一种简单相混淆，一种主动与复杂隔断、从源头拒绝复杂化的简单，就如 20 世纪 90 年代风行于美国西北部太平洋沿岸的自求简朴运动（Voluntary Simplicity，自主选择的走向消费主义生活方式反面的返璞归真）的价值追求。理念上，这次运动所推崇的是更优雅从容的生活方式；行动上，他们更多是通过抵制和回避现代消费社会不断滋生并加重在精神和物质上的负担，这种实践让他们在很大程度上自愿放弃了日新月异、科技产品层出不穷的现代社会所带来的方便和舒适。

优雅与第二种“简单”，就如同国际象棋与跳棋。两者都是棋局对垒。不过前者需要更多地运用战略思维，运筹帷幄、步步为营，需要你经验老到，技艺精熟，懂得如何走最少的棋将住对方的“王”。对弈可能持续几天，对弈双方会内静坐凝思攻迎之术，将自己和对方的走棋提前运筹布画于心。至于跳棋，多数时候只是单步走、跳，更易学，上手更快，也不需要玩家在智慧和经验上的过多积累。

国际象棋大师们都深谙“复杂”的意义，不复杂，就没有了棋局存在的价值，也没有了他们之所以付诸心血的意义。一盘棋局的错综复杂，似白云苍狗，变化莫测，如何攻，如何守，如何见招拆招？之所以这样才有挑战性和刺激性。复杂不是敌人，国际象棋若不复杂，这世上怕是会出现更多的跳棋大师。一样的道理，优雅需要“复杂”来成就。正如不经历黑暗便不会对乍现的光亮心存感激，不经历过动摇的时刻便没有经得起考验的信任一样，一个处处回避应对复杂的人，实际上也就无从成就优雅。

所以，谈论优雅就如同在谈论一盘精妙的棋局，非跳棋，而是成就大师的国际象棋。

优雅的典范

关于唐纳德·克努特，最后有一个小细节值得在这里提一提，是关于他一个不太寻常的收藏癖。教授和夫人吉尔会在生活中拍下各式各样的路标收藏起来。实际上，他们已经收集了不止八百张，照片被归为十类，有：箭头、交叉、车道、路况、紧急、人、畜、车辆、入口、天气，每一张都标注清楚了详细的拍摄信息和GPS坐标。不过克努特教授的收藏之所以不同寻常，不是因为这些，而是所有照片上清一色都是菱形路标。

为何只有菱形？显然所有路标都是经过教授甄选后，觉得独特才入选的，所以这其中有意无意地透露了教授的审美。从中我们不难找出答案，观教授一生，无论著书编程，势必做到极致，也必极尽优雅。菱形是钻石的形状，在克努特看来，钻石完全可以代表他心目中的优雅，是他所认可的优雅的典范。

且说说钻石，它们稀有珍贵、价值连城、精致优雅，但构成却极其简单寻常：碳和氧（前者是地球上所有生命的根本，后者是空气的主要成分）的化合物二氧化碳。钻石在地壳深处经过一段十分漫长、复杂的过程，由于高温、高压条件，碳原子排列结构重组成更严谨有力的形式。钻石都是晶莹剔透的，克努特认为优雅的电脑编程应当也是剔透的（易解易读）。它们经受住了地球深部的高温、高压，经多面切割之后，对称、平衡。一颗原石要琢磨（减法过程）成为钻石才能更值钱，经过精密切割抛光之后的钻石，璀璨夺目，美丽动人，以它独一无二的魅力征服、诱惑着这世间人。那句众口相传的大俗话说得很对——钻石是永恒的。

所以，神秘之事自有其神秘的出处，但答案我们已经有了。神秘的菱形之所以会进入唐纳德·克努特的视野，因为它是优雅的典范：对称、诱惑、精减、不朽。

接下来，将开始我们解密优雅的旅程。首先，等待我们攻克的是第一座城池——“对称”。也许你该期待，可能会有一片意外的风景正在那里等着你。

IN PURSUIT OF ELEGANCE

02

对称

造物主设计了对称，也设计了人的欲望形式

IN PURSUIT OF ELEGANCE

理性释万物的科学家和感性望世界的艺术家都认可一句真理，这句真理又因为英国大诗人济慈的一首《希腊古瓮颂》（*Ode on a Grecian Urn*）而得以传颂于世。1819 年济慈在诗中观照了艺术与现实之间的彼此牵连，最后在结尾写道：

> “美即是真，真即是美”，这就包括
> 你们所知道的和该知道的一切。

在科学家的眼中，现实世界的演化背后无处不是严谨的逻辑，他们也在尝试如此解释这世界的万般变幻；而艺术家们试图找到另外一条出路，从自己的灵魂出发，每个人都是在独自、孤独地找寻着自己眼中的那个真相。不过，总有一些地方，让迥异的追索也有彼此心心相印之时：关于美与真的主题。而“对称”是真的体现，也是美的体现。

自古以来，无论是那些最迷人的艺术作品，还是科学界出现的最令人信服的思想，在这些人类精神凝聚出的精华里总有一些以某种方式体现出了对称，以对称美学作为核心支撑。无论是画家、雕塑家、音乐家、建筑师，还是哲学家，很久以来，他们的作品里都展现出对对称美学的信奉和推崇。过去的一个世纪里，作为数学、物理学、宇宙学以及更年轻的社会学的结构法则，对称也已经显露出了更有力的真相。

多数人理解的“对称”等同于左右对称或者叫镜像反射对称，表现为动植物和一些几何形体的结构特征。提到“对称”，我们会立即联想起一张眉目端正的漂亮脸蛋或者一只精致的蝴蝶。实际上，几乎所有的生物，无论高等、低等，形体大小，将其一半对镜映照，尽管细微处可能略有出入，但是镜内镜外虚实合一之后看上去几乎和真正的实物毫无二致。推及比例均衡的几何形体——例如方形、圆形、三角形，情况也是完全一样的。这种左右对称在自然界中相当普遍，甚至 6.5 亿年前的化石都已证明了这一点。一个生命体得以生成，过程涉及数以百万计的细胞，层出变幻的结构方式，而细胞如何结构（或以可能更简单的较对称的方式结构）又同样有无限种可能性。鉴于这些，何以对称性结构会如此广泛见于自然界，这是埋藏在我们的生命存在形式最深处的秘密。

至于另一种对称结构，放射（或旋转）对称，大部分人至少会觉得熟悉，在自然界中也有表征可寻，比如说，雪花、球体和海星。球体既是镜像反射对称，也是放射对称，如以穿过中心的任意轴旋转，球体不发生任何改变。雪花是六方结晶体，角棱增生出 6 个一模一样的枝杈，若以 60 度任意整数倍率角度旋转，雪花六方晶体维持原样不变。同样，若以 72 度任意整数倍率角度旋转海星，你看到的还会是原来的呈现状态。所以，如果下次你盯着一支雏菊苦思冥想，一边一片一片扯下它的叶子来，让它告诉你那个人是不是你的真爱，别忘了，不论你怎么转动它，它都还是它，你想要雏菊告诉你的真相，其实答案早已在你自己心里了。

不过这些只是一些浅显的对称性的表征描述，若想得出一个普遍适用的具体概念，还是要把目光投向视精确为根本的科学。看看数学是如何来给“对称”下定义的。1952 年，德国数学家赫尔曼·外尔（Hermann Weyl）在他的重要著作《对称》（*Symmetry*）一书中给出的定义，可以作为对“对称”最好的表述：“假如我们对某个事物实施了某种操作之后，它看起来和原先完全相同，那么这事物就是对称的。”

例如，“A Toyota's a Toyota.”这句英语回文实际上就是对称结构，因为无论你是顺着念还是倒着念，你读到的都是完全相同的一个句子。同样，“x3z+4xy+y3z”也是对称结构，如果你把 x 与 y 交换一下，得到的还是同一种表述。而且，用外尔的精确定义来检验之前我们所分析过的那些例子非常容易的。如果细想外尔定义的意义，更体现在从生成上如何去看待命令、组织和操作这些动态过程所体现出来的某些性质，而不止是从静态表现上如何看待比例均衡的客体所具有的结构特征。

科学家和艺术家们都认为，是对称在两种看似难以沟通的领域之间架起了联系的桥梁，令感官所阐释的私人、主观、情绪化的审美与非人格性质的理性、客观的真相之间重新达成了和解。**不管是在大自然里，还是在我们理解的这个宇宙里，对称都是十分基本的设计原则，从某种程度上规定了我们行为和思维的方式。**正因为它如此无所不在，我们才会经常忽视它的重要意义——直到它哪天“缺席”。

它的“缺席”，对我们每个人以及我们在做的事情都有很深的意味，且可能会以我们从来都无从想象的方式突然为我们解开盘结已久的谜团。

当缺失的部分遇见对称

布莱恩·格林（Brian Greene）是美国哥伦比亚大学的物理学教授，也是 1999 年一本畅销书《优雅的宇宙》(*The Elegant Universe*) 的作者。对他来说，“对称”就是他每日呼吸的空气，毫无夸张的成分，一切价值的追索都有赖于这口气的支撑。像格林一样，许多理论物理学家，你能听到他们谈论自然界对称的“美丽”，他们比任何人都更能理解“对称”是自然造物的神秘法则。这些毕生都在对广博的宇宙进行探索以尝试发现其中规律的科学家们，在他们的努力之下，宇宙的真相被浓缩成简洁的数学方程式。换言之，他们每天都在努力接近“优雅”。就以爱因斯坦来说，格林将他提出的描述引力理论的广义相对论形容为“从内散发出深刻优雅的气质”，爱因斯坦本人对这一理论也抱有强烈的信念，因为它“太美了，美到不可能是错的”。

审美，在理论物理学家的工作中扮演着极重要的角色。道理很简单，因为他们在寻找的宇宙理论难以通过实验获得必要的验证，甚至直接的观测都是不可能的。这就意味着他们必须考虑设定假说，而这些理论构想被要求至少在一定程度上可以与我们身边所熟悉的那些事物存在某种共通之处。换言之，他们最终提出的理论，除了从数学角度进行探讨时能够显示出其内在逻辑的一致性，还必须能够在结构上呈现出美感来，并且体现出自然界天然律法中的那份优雅。对称是美感的一个基本组成部分。

一个对宇宙物理法则进行浓缩定义的数学公式，若要符合对称之美，以格林的优雅境界来看，它必须不会随时空情境的转换而丧失效用。它必须毫无例外地适用于任何物理情境，以格林自己的表述来说，即“时时”适用。举例来说，如果万有引力定律仅适用于地球，那么科学家们将会抛弃这种理论而去寻找更加根本的适用于在大宇宙情境里理解引力的定律。实际上，万有引力定律同样适用于月球的引力情境，尽管人类在两个星球上实际体验到的是戏剧性的巨大反差。之所以在月球上轻轻一跃便可轻松打破奥运会的立定跳远记录，并不是因为规则改变了，而是万有引力公式的一个变量的值发生了改变——月球质量远远小于地球，而引力又与质量成正比关系。所以，因变量在不同物理情境里的赋值不同，致使定律显现的结果迥异，但定律本身却是不变的。

过去的25年里，理论物理学家一直在不遗余力地跟一种假说周旋以期有所突破，这种假说后以弦理论广为学术界内外知晓。弦理论看上去正有霍姆斯大法官所渴望的除尽芜繁之后的简单，有诗人济慈提到的与真统一的美，也有克努特教授推崇的形式上的对称。弦理论消弭了描述宏观引力的广义相对论和描述微观世界的量子力学之间的分裂。广义相对论的基本观点认为，时空几何结构是平滑的、可发生弯曲的，如同一块平滑的织物；量子力学则认为，宇宙中所有的物质最终由数百种不同的基本粒子组成，这些粒子永不停息地喧嚣，运动轨迹变化莫测，毫无规律可循，且关注的空间越小，引力场起伏越大。在小尺度空间，量子世界的剧烈涨落，破坏了平滑的空间几何概念。换句话说，这两种理论相互冲突。几十年来，支持两种理论的学者彼此不相往来，现在他们可以试着对彼此笑笑，坐下来分享同一块蛋糕，不再为了争抢对方碗里的那份而弄得不欢而散。弦理论为大统一的理论框架提供了一种可能性，让微观层面和宏观层面的宇宙重新归化为一个统一的整体，它做得如此优美，借用一个我们都知道并且都能够理解的字眼——“弦”。

不过，这是一种不寻常的“弦”，一种人类肉眼永远也不可能看到的极小的弦线。以原子核大小作比，弦线是原子核的10的20次方倍。如果一个原子相当于太阳系大小，弦就差不多是地球上的一棵树，正因为实在太小了，现有的高速粒子加速器的能量远远不够，未能强大到可以提供实验支持，所以我们仅能对它可能的属性进行推测。这是科学家惯常使用的研究方法，通过粒子加速器产生高能粒子进行对撞，可以使物质的微观结构产生最大程度的变化，从而使我们能在很大程度上了解物质的基本性质。

这种“弦”可以像小提琴或吉他的琴弦一样振动，不过外形更像橡皮筋。这些振动的能量弦存在于宇宙中，变换着振动模式，被认为是实际上形成亚原子粒子（诸如我们已经观测到的质子和电子）基本物质。换言之，现实中看起来不同的粒子只是质地相同的一根弦上弹拨出的不同的“音符”。格林是如此比喻的：“这些数之不尽的能量弦所构成的宇宙，就像一首磅礴恢宏的宇宙交响乐。”

弦理论认为，不再存在比这些振动的“琴弦”更小、更基本的构成单元了，这情形如同一门语言中的字母。弦只是弦，如同玫瑰只是玫瑰，再没有别的了，不再能解析出任何更小的单元成分。当然了，如果进一步想，玫瑰实际上也是这根“琴弦”上拨弄出的一支曲调。

不过，如果你观测不到这些能量弦，不能对它们的实际属性直接给予确定，那么何以就对弦理论信心满满，认为它站得住脚？一部分原因要归结于对称属性的作用：即使掌握的信息不全，也可能对事物的性质作出尽量全面的估计。格林以我们对容貌的知觉来作例，比如说，尽管你只有显示左半边脸的图片，你却可能在自己头脑里形成整张脸的模样，并且与事实情形相差不大（当然不包括面部有毁容这种极特殊的情形）。尽管我们每个人的左右脸确实都会略有出入，但在很大程度上还是呈现出了对称性，且已经足够形成很好的镜像关系。格林说，这也正是警察局的画像师为什么可以凭借掌握不全的容貌信息拼出一张完整的嫌犯画像的原因。相同的间接法也一直见于学术研究过程。所以，你并不一定非得实际作一次星际航行，才能掌握星系动力学，因为此处“缺失的部分”遇见了对称。

格林在书里举过这样一个例子：若是告诉你一张纸上记下了一个字母序列，序列中 y 字母恰好出现了三次；这张纸被收藏在了一个信封里，信封则密封在一只蛋黄酱瓶子里，从今天中午起这只瓶子就一直放在芬克与瓦格纳出版社（Funk and Wagnall）的门口。如果不再提供更多的线索，你不会有什么可靠的方法推断出事先记在纸上的字母序列究竟是什么，除非你手上有一副那种曾几何时常在漫画书背面打广告的超酷的X光透视眼镜，对着蛋黄酱瓶子随便望一望就会有答案了，否则，符合条件的字母序列可以被无穷无尽地列出来，就比如这个：hjuiydfgybvcxzywerfgplk。

不过，现在我再提供两条线索给你。首先，这个未知的字母序列实际上是英语中的一个单词；其次，在含有三个y字母的基础上，在构成一个确切的单词的前提下，字母长度是最短的。现在只剩下了一个可能性，含三个y字母且最短的英语单词只有：syzygy。从英文单词的发音或构词规律来看，你很容易得出这将会是一个以y字母为间隔的对称性结构单词；当“缺失”遇见了对称，一切都迎刃而解了。意外之处是，这个单词本身指代的就是一种特殊情形之下的统一（syzygy意指“朔望”，指天文学中太阳、月亮和地球各自运转一段时期便会处在一条直线上的情况）。

这正是我们当初从显示不全的图案中形成“E”字母完整印象的过程，也是《黑道家族》大结局导演大卫·切斯谜局设计的思路，更是“数独”玩家的解题思路。

弦理论用大千世界里面最微小的单元对最浩瀚神秘的宇宙空间做出了一个根本解释，且这一解释将所有现存大大小小人们已经发现的甚至相冲突的规律都囊括在了一个大一统的理论框架之下，这正是它不可思议的地方。换言之，弦理论是优雅的。尽管它还不能通过实验进行验证，而且只是一种纯理论形式，却已经吸引了整个科学界为之奔走，不光是为了最终确定它的正确性而不遗余力，也是为了尽力否定它而搜寻证据；因为由它引入的对称性质，让本不贯通的貌似四分五裂的宇宙重新达成了统一，而这种对称性质的意义或者说应用前景以目前的情形来看，是深不可测、难以估量的。

弦理论之所以能够成为一个包罗万象的“万物至理”的规律，在于它从根本上将时间与空间解释成是融为一体的，并且可追溯至同一个源头，对物理学家来说，这正是最不可思议的一种对称性。物理学家们进入浩瀚宇宙的终极真相如此之深，很显然对于美的某种直觉起到了不容忽视的关键性作用，那么，以美为终极追求的艺术家们，对称性质在他们看来又是如何定义的呢？布莱恩·格林在自己书里写过这样一段话：“对称影响物理学的方式与它们影响艺术的方式差不多是一样的，艺术家创作的作品中所表现出的对称性带给人很深的满足感，它们彰显出的是自然在繁衍生息中体现出的那种独特的秩序感和连贯性。从一系列简单的宇宙法则中孕育出纷繁复杂、变幻多姿的世间万象，这过程本就是很优雅的，而当你听到不善辞令的物理学家们援引‘美丽’一词时，或多或少都是在对这种优雅的赞叹。”

格林可能并不清楚，他的这番话完全可以作为一位在非议声中过早辞世的艺术家毕生努力的准确注解。

分形法则

2000 年春天，理查德·泰勒（Richard Taylor）的简历出现在俄勒冈大学遴选委员会的办公桌上，他要应征该校物理系副教授，而当年的这一职位申请险些石沉大海。泰勒不是普通的物理学家，他也是一位抽象艺术家，他的履历会令大多数安身于象牙塔内循规蹈矩搞学术的大学教师为之侧目。1994 年，泰勒曾放弃在澳大利亚新南威尔士大学物理系的职位，暂时离开学术界，进入英国曼彻斯特艺术学院从事艺术学习，当他再次回归学术界，结果是他意外实现了艺术与科学的交融。也许理查德·泰勒比任何人都更能理解对称之美是如何让各司其法的科学、数学和艺术彼此之间发生联系的，与我们身处的这世界发生联系的。正是在曼彻斯特度过的那段不同寻常的日子，让他开始寻找它们之间的关联。

在曼彻斯特追求艺术必须得经历“火的洗礼”，泰勒进入艺术学院不久，为了完成一项课外作业，他和班上的同学要在英格兰北部的约克夏荒原待上一个星期。那是 1995 年的 2 月，到处只听见寒风呼啸。作业并不难，只是以当地风景作画，难在天气不太好相处。第一天他们遭遇了暴风雪，没法儿到户外作画——至少，拿画笔在画布上作画是行不通的。由于天气预报说至少一周之内还会再有一场暴风雪，泰勒于是和伙伴们约在当地的酒馆碰面，商讨怎么才能完成这次的野外作画任务，最后他们决定效仿法国画家伊夫·克莱因(Yves Klein)。这位画家曾将一块白画布扎紧在汽车顶上，然后冒着暴风雨驾车从巴黎开往法国西南部的图卢兹，在他驾车行驶途中，速度带来的疾风裹着雨水也相应地在画布上留下了痕迹。抵达图卢兹后，他框起画布，然后告诉人们大自然代替他创作了这件艺术品，这幅画马上就被人买走了，而泰勒又往前多走了一步。

顶着暴风雪，这帮年轻人一边说说笑笑苦中作乐，一边收集了一大堆吹落的树枝，除了用来搭起两座相隔的锥形柴堆，还做了一只风动力钟摆。两座柴堆间横搭上一根长树枝作为晾衣绳来用，风动力钟摆就悬挂在这根“晾衣绳”上。也就是说，这支钟摆能够自由应风而动，在肆虐的风雪中一起一荡就如同一只乘风破浪的帆船。而钟摆的动作将传送给装置的另一部分，这个部分“拿”着颜料瓶，将在他们事先铺在底下的画布上绘出相应的图案。既然盘桓不去的暴风雪不愿意让他们多领略此地的风景，那么他们相信不论发明的这套装置最终呈现出什么结果，都应该不算违背了这次作画的任务——甚至可能完成的水平要更高（见图 2—1）。

一群人把发明留在原地，自己找了地方待着等待风雪结束。当天气好转，泰勒返回装置所在的地点，让他震惊的是，这一套装置，或者更确切地说是大自然，已经在画布上完成了一幅波洛克——杰克逊·波洛克（Jackson Pollock）风格的作品。作为反传统的波洛克的狂热崇拜者，泰勒的心里突然闪过一念：波洛克疯狂的滴洒画法，必定也暗藏了一种自然节奏。

图 2—1　理查德·泰勒在约克夏荒原同自己设计的风动力钟摆合影
（图片来自：理查德·泰勒）

为了解密杰克逊·波洛克艺术中那种无处不在的神秘节奏，泰勒转而向自己最初的学术领域——物理学寻求帮助。他最终的发现将会轰动艺术界，也会在科学界引起强烈反响。

1949 年 8 月 8 日，美国《生活》杂志（*Life*）刊载了一篇介绍新兴抽象画家杰克逊·波洛克的文章，文中问道："他是不是美国在世的最伟大的画家？"结果这一问在美国国内犯了众怒，引来很多民众的不满。这次《生活》杂志刊文报道对波洛克有很重要的意义，当时还没几个人听说过他，根本不知道杰克逊·波洛克究竟是何许人也，而《生活》这本杂志在电视出现之前就已经有了，一经它的传播，也就意味着波洛克成为全美关注的人物了。也是因为他籍籍无名,却堂而皇之地出现在《生活》杂志上，所以公然提出他是不是在世画家中最伟大的那一位这样一个话题，不免大胆又带有挑衅。继刊载了对他的作品和技法报道的文章之后，紧随而至的便是读者对那公然一问的强烈拒斥和抗议。事实上，许多人根本就不认可他的画家身份。而对他的作品有些了解的人也只当他是一个仅会“滴颜料的人”或者“洒颜料的人”，当然算不上是画家。对这么个“不入流”的画家，后来《生活》杂志还送了个诨名给波洛克——“滴画手杰克”。

20世纪40年代中期，在退出曼哈顿艺术圈之后，杰克逊·波洛克来到长岛东端的一个小镇安身，把一个谷仓改造成了自己的画室。正是在这里，他发明了新的作画技法——滴画技巧，挑战了大众对于绘画的认知，摒弃了以画笔在画架上作画的传统（尤其是西方的传统）。波洛克的作画手法显得更为原始，他从不直接接触画布，而是通过泼、滴、洒、溅这些方法，让颜料从铁皮罐、硬刷、棍子上落到铺在画室地上的画布上来完成一幅画作，看起来似乎简单得连没经过任何训练的幼童都可以轻易做到。大量读者抗议的来信源源不断地朝《生活》杂志涌来,有的直接拿某种灵长类动物作比，讥讽那些是未开化的动物也能画出来的东西，来信很多都是这类措辞苛刻的冷嘲热讽，甚至更难听的说法也有。多数人都表示波洛克画的东西压根与艺术一点关系也没有，甚至就连波洛克自己偶尔也会产生这种自我否定的想法，被强烈的自我怀疑所折磨。波洛克的油画没有焦点、上下、左右和透视关系，那是真正的充斥于画布每一个角落的纯粹的混乱。

又或者还有另一种真相?

1995年在约克夏荒原那个封冻的日子，当理查德·泰勒将他们的大作拿到手的那一刻——那是一幅不论具不具备艺术眼光都会为眼前所见感到吃惊、超出了大部分人想象的作品，他不仅立即注意到这幅画的风格看起来很像波洛克，而且他也发现画面上让人联想起波洛克那些错综交错线条的图案是一种特殊的几何学现象。泰勒当时心里就有数了，画布上无限自我重复的图案所印证的正是分形法则。

分形（Fractals）是几何学上的一种新的对称性（区别于传统的上下、左右及中心对称），一种无限自我重复、不同比例尺度上自相似的形态。分形是一种处处显露在大自然里的对称性，一片混沌的大自然因为这一法则而被归统以清晰的秩序，这种分形艺术在身边信手拈来，在雪花、蕨类植物、根系、树枝、气流、浮云、海岸线甚至于人类自己的生理构造（比如树突状细胞、纵横交错的枝形血管和支气管树）上都可以找到这种分形法则的演绎。下次蒸西兰花时，记住这个事实，待会儿被你吃下去的可是一种分形蔬菜——西兰花簇的结构，从在重要的晚餐约会时溜进你的牙缝令你难堪的那最碎小的一簇，到你从超市买回的整棵花菜头，无不是相似的形态。分形不区分上下、内外、左右，整个繁衍结构也不存在焦点，这正是泰勒赖于做出推断的第一条线索，确实令人难以置信，波洛克的油画作品可能也是这种自然的分形艺术。

在大自然里，分形现象俯拾皆是，看似纷繁芜杂的世间万物，实际却在以精巧复杂的对称性分层结构默默繁衍生息，这也正是分形艺术令人惊奇的地方。分形结构并非无章法可循，相反它形成于对无序的抵抗，层与层之间严格恪守几条简单之极却层层传递下去的始终不变的关系准则。这些简单的准则却创造出了令人称奇的组织结构，借用布莱恩·格林的口吻来说——那真的是相当“美”的结构，而且实际上提供了最简单、最有效率的传输能量的方式。比如，一棵树的枝干和根系，也和我们躯体构造里的神经和血管的情形一致，以分形形态组织起来，生成高度复杂且精密的系统，以最有效的方式分配、输送化学物质和养分给躯体的各个部分。换言之，分形法则是优雅的。

在曼彻斯特艺术学院求学期间，理查德·泰勒和同伴借用大自然之手意外收获了一幅模仿波洛克之作，而远在这一插曲发生之前他就已经是一位分形学方面的专家。他的学术背景是对现代便携式电子设备（如电脑、手机和CD随身听）集成电路的研究，电流流经这些设备呈现出稳定、可控的特征。后来随着纳米材料应用技术的发展，泰勒与同事设计出了纳米电子电路，大小仅是一个原子的100倍。不过泰勒通过研究发现，流经这种超微电路的电流失去了稳定、可控的特征而恢复到一种自然的态势，呈现出了分形特征，如同一棵树的枝干和根系一样以自相似的特征扩散开去，或者说就像是墨黑的夜空中骤然乍现的枝形闪电一般。泰勒的工作就是对这种分形效应进行持续关注以期发现它在未来电子科技中的应用前景，不过让泰勒在科学界崭露头角的却是他在杰克逊·波洛克画中的发现。此时发现波洛克作品与分形法则的联系，并不全是纯属偶然，也可以说是各方面时机已经成熟，杰克逊·波洛克早在1956年便死于车祸，而分形法被科学家发现已经是1975年的事了。

泰勒告诉我，波洛克油画作品里那些错综交错的图案与大自然的分形艺术不仅有难以置信的相似度，而且这两者同样天才性的创作过程也具备高度的相似性。通过对拍摄波洛克的纪录片资料和亲眼见证过波洛克“滴画”之人的叙述材料的研究，泰勒摸清了波洛克实际创作的过程。首先他让颜料滴漏到画布上，成不连续的团状散布于整幅画布，紧接着再以延长的线条贯通连接起各个颜料斑迹，缓慢地、逐渐地在原有的图案之上覆以另一层图案。画布上交错的线条实际上是画家围绕画布作画的整个动作过程的记录，他在三维空间的一举一动被这种方式投射在了二维平面的画布上，画布成为画家的行动场所，画面即是画家的行动。之后作画过程会中断几个小时甚至几天时间，然后再回来继续在画布上滴漏颜料，这个过程是以近似风力驱动实现的那种迂回式手法来完成的，最后形成纵横交错的图案。泰勒相信波洛克的作品不是将颜料随随便便泼洒出去就能得来的，但也不是在一种精确的数学方法的控制之下，因为以实际情况来看，若真是以数学方法在操纵，他不可能画得那么快和流畅。理查德·泰勒准备去证实这一点。

泰勒找到的第一条线索是波洛克说过的一句话："我关心的是如何与作画本身融为一体，以自然的节奏呈现作品。我就是自然。"波洛克的作品通常被形容为具有某种能引发观看者互动的有机品质，体现出一种自然特质。杰克逊·波洛克的生前好友卢本·卡迪什曾说过："我觉得，波洛克作品最重要的一个特点在于它们呈现的不只是一幅幅画那么简单，而是当你在注视着他的创作时会触发你身体里的某种本能机制。"这话究竟是什么意思？波洛克的画能引起一种有机反应指的又是什么？是否与我们在某个寂寂的夜晚与跳跃的炉火作伴时，与我们抬头凝望夜空，与我们听见一阵风来翻动起树叶沙沙作响，或者与海浪拍打岸石隆隆的巨响冲撞我们的耳膜时，是一种相似的经验？

泰勒很清楚，要找出问题的答案需要借用数学方法的支持，也正是布莱恩·格林与物理学家们建构弦理论所依赖的数学基础。因此，继曼彻斯特的意外发现之后，他接下来准备要做的就是回归实验室，回归他的学术研究生涯。他将自己长期投入到了对波洛克模式的研究中去，把自己的空闲时间利用起来从事这件工作，运用的是过去研究纳米电路的电流分形模式时的分析方法。

为了能够真正体会出泰勒在波洛克作品中证实了分形法则这一研究结论的意义，也为了看看在不同于数学、科学和艺术领域之外的真实世界里分形法则是如何演绎出了所有活色生香来，你还是有必要了解一些分形学知识，以及分形法则为什么会在整个自然结构之中具有不同寻常的重要意义。

分形概念是由伯努瓦·曼德勃罗（Benoit Mandelbrot）于1975年首次提出的。其时他作为IBM公司设在纽约约克镇的托马斯·沃森研究中心的研究员，专注于将数学理论应用到经济、金融和信息技术等领域的实际问题。也是在此期间，对在不同尺度上自我重复，体现出一种对称性特征的几何图形已经深入研究十多年的曼德勃罗创造出了“分形”一词。1904年，瑞典数学家海里格·冯·科赫（Helge von Koch）在自己的一篇论文里描述性定义了一种看上去并不复杂的几何曲线，让这种曲线从此进入世人眼中，由于形似雪花而得名“科赫雪花曲线”（见图2—2）。这种科赫曲线其实很特别，截取曲线任意部分进行放大之后所得到的结果，看起来与整体曲线的几何结构保持了极高的相似度。绘制出一条科赫曲线的过程是这样的，先从一条直线段开始，将线段中间三分之一的部分用等边三角形的两条边代替，形成5个结点的图形，之后再对新生图形的每一段直线重复上述步骤，这种迭代继续进行下去便可以形成科赫曲线（见图2—3）。从非常简单的对称规则出发，你得到的是一个很富美感的图形，形态演绎看上去复杂缤纷，其实整个过程是以更简明的方式向我们演示了自然万物形态何以是如今我们眼中所见的这般千姿百态，暗示了自然界的构造形式。

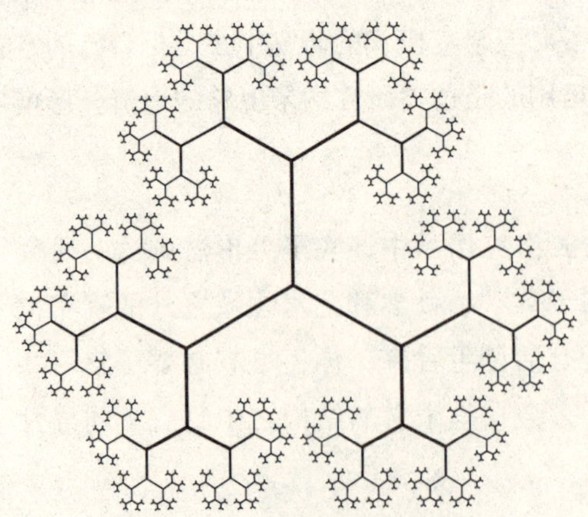

图2—2　科赫雪花曲线

分形

分形呈现出一种特殊的对称性：通过无穷嵌套、自我重复和不同程度上自相似，使得整体与局部在结构上保持相似性。分形在自然界中相当普遍（尽管一般很难达到如图中精确无误的自相似性），从极为简单的规则出发，通过不断递归反馈，优美的结构和极度复杂的图形就被创造了出来。

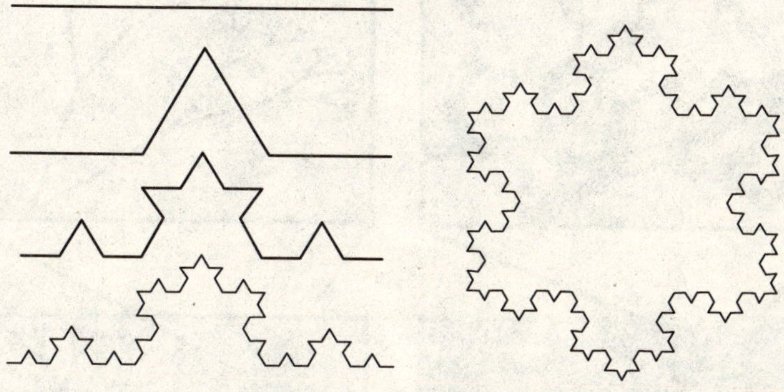

1904 年，瑞典数学家海里格·冯·科赫（Helge von Koch）定义了这样一种分形曲线：从一段直线开始，将线段中间三分之一的部分用等边三角形的两条边代替，这种运算可以一直重复下去。三条科赫曲线围拢一圈，由于形如雪花，而得名“科赫雪花”。

图 2—3　科赫雪花画法

不过，有趣的是，起初世人可不这么认为，从古至今，包括科赫在内的数学家们从不认为这些简单的几何图形会与自然界的法则有什么瓜葛，直到曼德勃罗的理论出现。因为自然中的万物毕竟不可能以完美精确的几何形态呈现在我们眼中，自然也总是给人以即兴创作的印象，不停变换曲目主题，让人想不出它是精确地在对同一种形态不断进行自我重复。比如，尽管连绵起伏的山脉被认为是分形现象，但单个山峰却可能因为凸崖、凹壁和裂隙而致与整个山脉形态达不成精确匹配，可是在统计学意义上它们的形态却是相似的，还可参见图 2—4 所示的分形树。

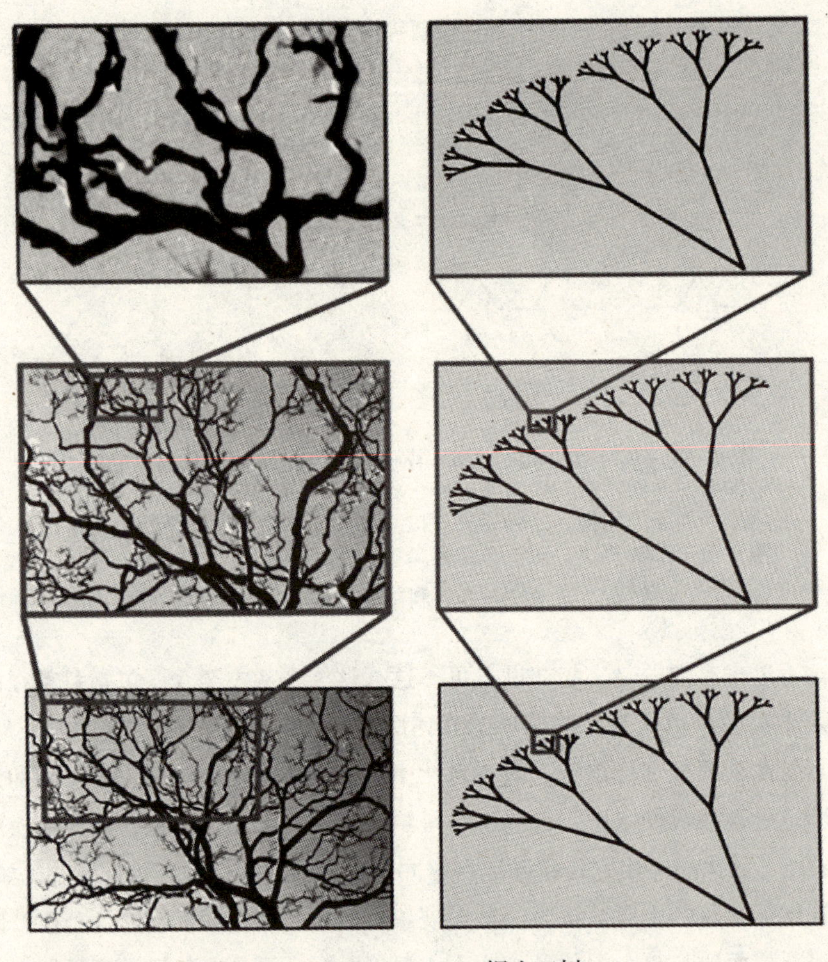

一棵真树
取任意放大率，树的枝干在统计学意义上呈现出自相似特征。

一棵人工树
取任意放大率，枝干达到了精确的自相似——也即完全一模一样。

图 2—4 分形树

（图片来自：理查德·泰勒）

当然，曼德勃罗并不是由于对研究雪花和山脉忽然起了兴致才有了后来的理论，至少在一开始这些自然现象还未进入他的视野。引起他的兴趣的是市场的波动和价格的起伏变化，他开始研究棉花市场的价格涨落规律。1961 年，他有了一些相当特别的发现：价格的爆涨猛落一直被认为是随机性的，但是若从一个月内价格变化的曲线图来看，却与一个十年的价格波动曲线图出现了惊人的相似。之后他在其他地方也发现了类似的情形。

举例来说，一周内尼罗河水位的升降曲线与一个世纪的水位升降曲线有相似性；看上去犬牙交错、极不规则的英国海岸线与某处一个小海湾同样不规则的轮廓线呈现出了相似性。海岸线的分形特征是曼德勃罗的发现，他曾就此发表了一篇重要的学术论文，以标题作问，“英国的海岸线有多长？”“绵延不尽”是唯一正确的答案——因为当测量深入到越来越小的地方，还会衍生出更多的与较大范围海岸线形貌保持相似的部分，如此测量工作也是无止无尽的。曼德勃罗相信，整个自然界面貌都存在这种不同尺度上自相似的分形设计，而且人类社会的诸多现实问题也体现了分形法则。为描述这种结构，曼德勃罗发明了“fractal”（分形）一词，此词源于拉丁文形容词“fractus”，意思是“中断的”、“破碎的”。1982 年他出版了《大自然的分形几何学》（*The Fractal Geometry of Nature*）一书阐述自己的理论。此书问世之后，影响巨大，分形理论从此成为科学界的主流思想，并将人类对世界的认识提升到了一个新的层次，将纷繁芜杂的自然面貌以及原本复杂深沉的诸多现实问题与简单得惊人的自重复分形对称联系在了一起。

今天，人们已经认识到分形是如何扎根渗透于我们身处的这个世界的，它几乎无处不在，以至于被形象地称作是“自然的指纹”。然后让我们回头再来看波洛克和分形法则的联系，理查德·泰勒是这样想的：是否存在这种可能，波洛克其实掌握了自然界的分形节奏，并利用这种节奏感让他的作品成功传达出一种复杂、混沌却又愉悦人心的独特美感，正如那日暴风雪中风力驱使颜料罐作画的方式？

以泰勒的研究思路，接下来他要做的是对波洛克的画与自己那幅风驱力作品进行量化对比，实现这个过程必须借助于计算机。他先为作品拍下高分辨率图片，然后将图片扫描入电脑，整个过程相当花费时间，一件作品可能就需要一周的时间。这之后他便能对作品进行量化解析，分离出颜色层，形成数字网格视图，然后计算机会对网格内的数据进行分析，区分出图案、空白，对图形形态进行几何学描述。对称性的方形栅格可以作任意比例缩放，方便对任何尺度的图案进行检验。

研究进行到最后，泰勒已经完成对取自波洛克 20 幅滴画作品的近 500 万个分解图案的评估对比。不论是哪一幅作品，也不论是截取自画中哪个位置，从最微小的斑点推至一平方米的画面，结果显示整幅作品中充斥的纠缠如一团乱麻的图案符合分形法则：有些油画中的自相似图案，最小可分辨的不足 65 平方毫米，最大的有 1.1 平方米，两者悬殊 1 000 倍不止。

最后他得出了这样的结论：波洛克对分形艺术的把握比它们被世人所认识的时间提早了 20 年，当世人（也包括波洛克自己）还不了解自然界的分形法则之时，波洛克已经把它们展示于自己的画里了。

泰勒并未就此打住。他还要进一步确定，是否就是波洛克作品中的分形特征为那些作品带来了独特的魅力。如果确实是分形为那些作品永久嵌入了神秘的美感，那么接着更重要的就是对“为什么会这样？”进行解答。

泰勒从几个方面展开了研究。首先，他按年代顺序对波洛克的油画作品作了一番纵向比对，计算出作品中分形图案的复杂水平随画家创作年代的变化情况。所谓复杂水平的测量值，是一种分形描述参数，或者称作“分形维数”，拿二维物体来说，数值一般介于 1~2 之间，用以描述一个分形图案对空间的填充程度也即复杂程度。比如，科赫雪花曲线的复杂水平以分形维数来描述是 1.26，许多海岸线的分形维数值都在 1.45 左右，而大部分的自然物分形维数值是在 1.2~1.7 之间。泰勒发现，尽管波洛克的作品随着时间也变得愈加复杂——泰勒的猜测是，波洛克是在不断试图挑战视觉接受度的极限——但平均来说，水平符合自然界中物体的参数范畴。唯一一件超出自然分形参数范畴的作品，最后因为表面又被覆盖一层颜料而被毁。通过对被毁之前的一张照片进行分析，泰勒可以确定这幅画的分形维数是 1.9（见图 2—5）。

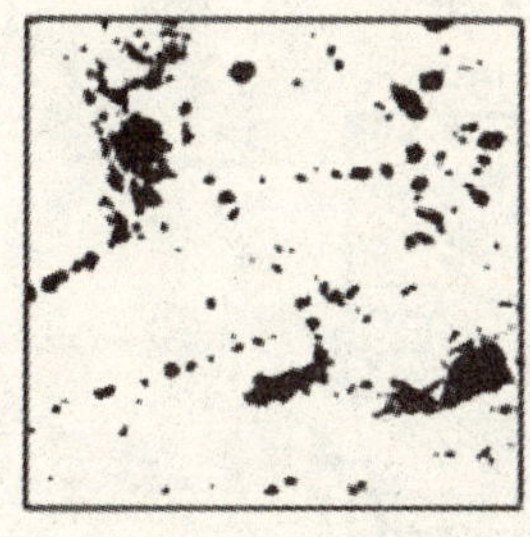

分形维数值 1.1

分形维数值 1.7

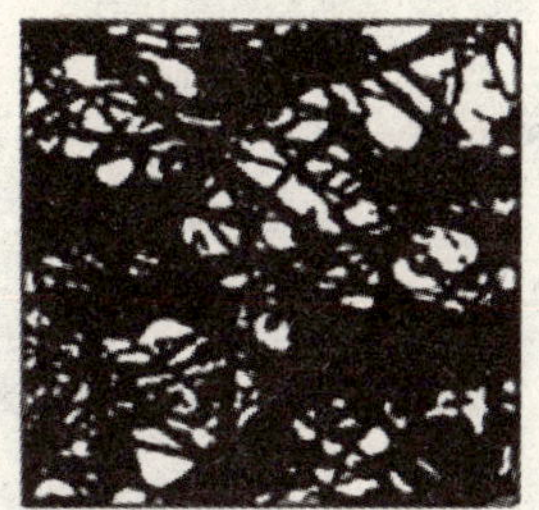

分形维数值 1.9

图 2—5　分形维数图

（图片来自：理查德·泰勒）

如果分形图案确实是波洛克的“创作”，那也就等于说他具备了常人没有的惊人的天赋。作为一名科学家，而且偏爱从理性的视角看待事物并给予解释，泰勒认为最好还是先放下这些浪漫主义臆想，找出一个更有切实基础的解释，尽管这会让整个过程少了一些传奇性，会被人嗤为庸俗。但是否存在这种可能性，波洛克的创作根本没有任何明确的意识在支撑或者说并非特意而为之。假如分形特征只是将颜料滴漏到画布上这种作画方式本身不可避免所携带的偶然性所致，那么，波洛克独树一帜的技法能够被复制吗？

如今波洛克工作室地面上还遗留了一些颜料痕迹，这些在画家生前创作过程中被剔除的颜料痕迹显现出多种不同的图案，却没有一个可以构成分形图案。这就意味着波洛克的创作是一个有明确意识的过程，但论证还不能说已经充分。在 2004 年，泰勒进行了一项严格的实验，他找来了 37 名自己的学生来完成这项实验。他要求学生们模仿出波洛克风格的作品，往画布上泼洒颜料，所用颜料和工具均与波洛克所使用过的相似。结果产生了一些线条错综纠缠、图案多变，但是没有视觉美感的作品，而且，这些仿作中找不出一幅符合分形特征的画（见图 2—6）。

看似简单，其实并不简单的滴画

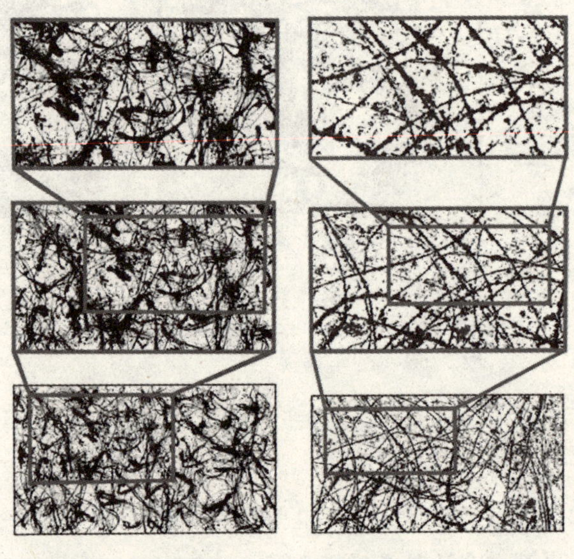

分形图案：波洛克作品,《第三十二号，1950》（*Number* 32, 1950）

非分形图案：非波洛克滴画作品

如果一幅图具有分形特征，那么在越来越精细的尺度上，图案品质在统计学意义上保持不变。右边的油画作品若在大倍率下察看较之小倍率下的情形，结构变得松散，对空间的填充度下降，前后图形也变得不同了。与之相对照的，左边的一幅波洛克的滴画作品，在不同放大率下观察，图案都保持了高度的相似性，且与图片的截取位置和尺寸无关。换言之，波洛克的滴画作品符合分形法则，而非波洛克的滴画作品因为在不同尺度上不具备自相似性，所以不具有分形特征。

图 2—6　滴画

（图片及分析内容来自理查德·泰勒）

如果不想借助于计算机，而欲以人力更成功地模仿出波洛克的油画，只有一个办法，凭借这种方法泰勒可以绘制出波洛克风格的作品，任何人也都可能做到，准确来说是要靠被泰勒称作“波洛克生成装置”的帮助。此装置基本上就是当年在约克夏荒原已被证明适用的风驱动钟摆的更新版。带着颜料罐运动的钟摆由顶部电磁感应线圈驱动，钟摆运动时，罐底部的漏嘴会将颜料洒向事先铺在地上的一张纸。驱动力的大小和频率可调，使得钟摆可作规则或不规则运动，因此这个“波洛克生成装置”既能产生分形图案，也能产生非分形图案。

说到这里，若要这次探讨更有深度、更全面，泰勒还有几个问题需要解答。鉴于波洛克油画作品中那种强烈的吸引力，以《蓝色枝条》（*Blue Poles*）（作家生前最后创作的几幅滴画作品中的一幅，其价值远远超过了 4 000 万美元）为例是否可以说人们偏爱分形图案胜过非分形图案？如果事实真相确实如此，那么波洛克作品所在的分形维数值域，也即自然构造万物的几何性描述，是否代表了某种理想境界？如果是这样，这一情况的含义是非同小可的。

开门见山地说，泰勒的这些推测被证实是正确的。从 2000 年起，理查德·泰勒已经进行了数十项视觉实验，得到的测试结果相当有趣。在一项有 120 人参与的调查中，将一幅看上去同样杂乱无章却并不具备分形特征的涂鸦之作，混同波洛克的作品一同呈现给调查对象，要求他们选出哪一幅更能吸引他们，113 人选择了波洛克的画。另一项由 220 人参与的测试，超过 40 幅分形图案被呈现给测试对象，图片来源分 4 类：计算机生成、波洛克油画、自然物图片和“波洛克生成装置”作品。这一次的结果显示那些普遍受到青睐的图片，分形维数值域介于 1.3~1.5 之间，与图片生成来源无关。今天，我们电脑上的动态分形艺术屏保大致就在这个参数范畴内（见图 2—7）。

泰勒的研究证明了一点，我们对分形图案所表现出的那种天然的对称性具有很高的感受力，至于为什么会这样，尚未有明确的答案。泰勒的观点是，我们这种欣赏和偏好，至少最初并不是与美感的获取联系在一起的，更多是出于生存本能的需求。

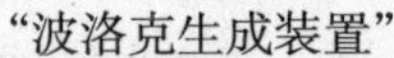

利用自然来捕捉波洛克作品里纷繁优美的分形对称图案，模仿画家看似肆意无章法实际收放得到的创作过程。

图 2—7　波洛克生成装置

（图片来自：理查德·泰勒）

与泰勒共同进行这项研究的詹姆斯·怀斯（James Wise）教授，来自华盛顿州立大学环境心理学系，据他的观点，人的这种偏爱可能是人类在漫长的进化历程中积淀在基因里的某种求生本能的体现。怀斯说，在非洲大草原——人类生命的起源地，我们的祖先能够于细微差别中辨别出弯折的草丛究竟是被风吹皱的，还是有猎食的猛兽刚刚经过所留下的压痕，因为风力的不断吹送会在草地上形成天然的分形图案，警惕的古人会因为分辨出草地上的分形图案而放松下紧绷的神经，久而久之，当人类见到接近形态的分形图案，便自然觉得更轻松愉悦。不过，如果转换到分形填充度更高的环境，比如雨林，人们可能会变得极度不安，警惕性提高，一点风吹草动都会引起神经的极度紧张。

不过，至于人的这种感知分形对称本能的能力背后的生物学缘由，我们没有必要继续深入探讨下去，毕竟这不是我们的目的，我们只需认识到分形对称对人的那种明确的强烈的吸引力。根据他们对优雅的解读，我们从中获得的重要启示有这些：首先，极其简单的规则可以创造魅力惊人的产物；其次，以超乎寻常的高度自律来践行第一条中提到的简单规则，效果惊人，远远优越于通过外力强加的秩序或强制的控制所能达到的效果。第二点启示对我们每个人都有很深的意味，因为无论你在意的是如何在一个有自己既定规则的世界里讨生活，还是如何推动打造这个世界运转的新秩序，面对的挑战都是一样的——如何建立起高效的组织系统。另一个相关的问题：除了在物理学理论和抽象艺术作品里，我们能不能在现实世界的混沌中获得和谐的对称之美？

杰克逊·波洛克说过的一段话里可能有一点线索，提示我们该从哪里去寻找答案：

> 我不用画架作画。画布展开在地板上，我感觉要更自在一些。少了些与绘画的隔阂，而更多融入绘画里，变成它的一部分。因为我能绕着画布自由走动，从四个方向变换视角进行作画，这时我自己就是绘画。只有当失去与绘画本身的这种一体性时，我才会画出那种真正乱七八糟、毫无价值的东西。不过当达到了纯然一体的和谐，一切都变得轻而易举，作画也如顺水行舟。

如何来解读他这段话？它将会给我们对优雅的解读带来什么启示？画家所描述的作画状态又与“无为化境”有何联系？

篮升广场，缺失后的流畅

17 世纪是荷兰的黄金时代，荷兰北部拥有 4.5 万居民的热闹繁华的德拉赫滕（Drachten）镇就是建于那时。如今当你来到镇上繁忙的主路口，眼前的景象几乎马上就会令你从直觉到理性都生出“这地方太不对劲了”的印象。虽然是繁忙的交叉路口，当地人却管这里叫“篮升广场”，名字取自旧时荷兰的一种传统——在过去，为让远处沼泽地里挖泥炭的工人们知道一天的工作可以结束了，就竖起木架、拉起绳索，利用这种简易的升降结构将一只篮筐高高升起，借用这约定俗成的信号，工人们一望便知喘口气的时候到了。每天，22 000 辆车子往来穿梭，在此路口经过的行人和骑自行车、摩托车的人也有几千人，却并不会如你想象中的混乱一片。那么，篮升广场到底哪里违背了我们的常识呢？清算这里“缺失的东西”，可不只一件，实际上，少的东西有好几处呢。

首先你会注意到这里没有交通指示牌，也没有安装信号灯，没有任何能够明确告诉你哪里可以停车、哪里需要减速、哪里必须让路行人的交通管制设施配备。路面铺以红砖，被建成一个环形广场。红砖鳞次而非沥青铺道，这第一眼的印象首先引你进入了一种非同寻常的气氛。当彻底看清楚了这里完全没有经过严格规定的区隔的车道，也根本找不到任何道路标识，你就更确信这地方真是太“标新立异”了：没有分流不同方向来往车辆的双向车道，找不到强制减速或停车的让行线，也不设路缘石分隔出行车道、自行道和人行道以便互不干扰。最后你终于醒悟过来，通常交叉路口都会通过各种复杂细分的命令、管制、限制措施将行路权准确细分到不同的通行主体手上，这里缺少的正是你已司空见惯的，也是你必须要让自己知道、听从、俯就的命令。

最后，这里还缺少了一样，如果你能对这里的交通状况持续观察上几个小时，就会发现这里看不到大部分往来车辆交汇的岔路口都会出现的拥堵现象。无论是四个轮子的，还是两条腿走路的，也无论是从哪个方向过来的，无不流畅地从篮升广场上通过，自发平等地分享路面空间，而且这种自发状态产生的效果要远远好过你在别处早已习以为常的处于严格管控下的路面状况。

通行速度算不上快，但是流畅——并非总是一般的均匀和平滑，但是从容，一如海浪起落，风一股一股吹送，那种埋藏于自然肌理里的频率节奏。货车、大卡车、拖车、私家小汽车、自行车、轻便摩托车行人，熙来攘往，川流不息，但即便立于车流中间，也不会有车朝你按喇叭，不会有人对着你咒骂，不会朝你做出凶狠的手势，不会听见急刹车的锐叫，不会有惊险一幕上演，甚至连乘机缅怀达斯汀·霍夫曼在《午夜牛郎》里留下的那经典一幕的机会也不会有——当被一辆出租车差点撞倒时，也理直气壮来那么一句"没看见我在这儿走着嘛！！！"你惯常认定的违规现象公然同时在你的左方和右方上演着：一人骑自行车从左边过来了，对面一辆大卡车已经放慢车速放其先过；这里一个老妇人推着购物车斜穿广场，那里公交车已经远远退避，"敬而远之"。一切都令你由衷地发出出赞叹，确实太不可思议了。

如果驾车从这个岔路口实地通行一次，你就能明白这其中流淌的微妙人情了。别处是红绿灯轮替警示，交通指示牌林立标识，制定了严密规整的法则，只准谨小慎微而决不容违越。这里却不同，种种"缺失"却带来了另一种效果：汽车不再来去匆匆，而是以一种前所未有的低姿态融入社区，对身边的任何一点风吹草动无不留心在意，一人一事全都切身相关起来。在篮升广场，不安全的表象背后其实是更大的安全。当然，你要问，这是为什么呢？简单来说，你不再听从指令行动，而是必须调动起你自己的主动性，自主分析、抉择和应对。你不得不放慢下来，不得不去想一想在这种全开放的行驶环境里如何才能保证自己和他人的安全，不得不去考虑身边经过的一人一车，你必须得这么做。

穿行在篮升广场上的人、车，不是单纯的规则依附者，而是马路上那个时新时异的自主管理系统的一分子，谁投入其中谁便立时全面参与到其中，一举一动都是系统完备性的干预者和贡献者。当司机将行驶速度降低到了自然从容的程度，以便可以与身边的过路车、人通过眼神来交换信息，以便能够更多掌握路面交通状况，此时路面的通行流畅度自然而然便提升了。这也正是为何这里的车流像一股一股吹送的风一样自然，而且无论车辆、行人，那份从容都是别处难见的原因。不过如今这番景象也是辗转曲折得来的。2004 年的全面重整之前，篮升广场也同世界上大多数十字路口的情形并无二致——路面处于全面管控状态，车辆与行人被严格隔离，分开通行。

德拉赫滕的篮升广场，是一次实践荷兰工程师汉斯·蒙德曼（Hans Monderman）提出的道路规划理念的设计范例。这是一位有过事故调研员工作背景的工程师。20 世纪 70 年代，蒙德曼在自己的事故调研工作中逐步积累形成了这样一种认识，通常情况下司机在驾驶途中大量接收到的过分充足的信息其实是在不折不扣地误导他们，这才是导致大部分机动车事故的根本致因。蒙德曼的原话是这样说的："每一条马路都在讲述一个故事。只不过，我们所有大大小小的道路里面有太多把这个故事讲述得很糟糕，或者干脆把整个故事给讲错了。"

举个例子来说，当绿灯亮起，我们全神贯注只往前开，人被带入一种单一行为的机械状态，很少会顾及周围在发生什么。当我们穿行马路时，道路中央引导我们一步一步走向对面的斑马线，也将我们的注意力整个吸引过去，让我们将一些不可避免的潜在危险抛掷脑后。红灯则剥夺了我们在明知安全情形下的自主行进的权利。蒙德曼曾说过这样一番话："一条宽阔的路标林立的大马路，基本上它在告诉你：'只管放心往前，大胆加速，不要有任何顾虑，我们已经替你排除了所有干扰因素。'它传达出的其实是一种非常危险的信息。交通工程师们身上都有这样的毛病，每当一条道路出现了问题，他们通常总是会试图再增加点什么，以便对道路的控制能做得更精准有力。可是在我看来，对路面运用减法原则其实效果要来得更好。”他的观点是，大多数的道路工程师都是在用下水道设计师的手法在处理交通问题：如果你想要下水道能更通畅，只需要将管道加宽便可以了。但是一旦道路加宽，就会变成是各种细分复杂的道路指示牌在规范司机的行为，而非道路结构。

蒙德曼开始意识到老一代将人与车辆进行隔离，分段行进确保互不相扰的设计思路本身是有缺陷的，因为这种思路建立在一种错误的设想上，即交互越少就意味着越有秩序。一次他负责为一条因为缺少资金而无法配备常规性交通设施的乡村马路进行限速整改，蒙德曼从直觉出发设计出了一种不同于以往的全新解决方案，完全背离了惯常的道路规划哲学。他的设计思路是基于这样一个反直觉的简单概念：街道越是繁忙，安全性越高。

如果要将这一理念付诸实践，蒙德曼就要移除所有原有的交通设施和配备，包括S形急转弯道、路标、减速让行线、护栏以及限速带，所有象征着现代化的人为痕迹都抹去了之后，最后只剩下一座风景怡人的村庄，又恢复了它与世无争的状态。几个月过去了，蒙德曼回到此地来验收整改成效，结果令他震动，他是如此回忆的：“当我们通过设置减速带对一条道路进行传统的交通稳静化设计时，通常我们的心理期待值是能让车速下降10%。但是在不设任何软件、硬件约束措施的情形下，这里的车速却下降了几乎一半，从57千米/小时降至30千米/小时以下。我简直不敢相信自己的眼睛！我们所做的一切努力不过是让一个村庄恢复了它原来的模样，看起来更像一座村庄罢了。”这是他打响的第一枪，从此一场无声的争夺战，一场持续三十年、以社区规范全面替代交通法规的“圣战”便顽强但悄无声息地展开了。对于蒙德曼来说，道路问题绝不是硬梆梆的工程问题，他要应对处理的反而是如何营造出人性化的社区环境。

遗憾的是，汉斯·蒙德曼因为罹患癌症已经于2008年1月去世，我也没能有幸见证他推崇的又一理念促成计划的最后成行。蒙德曼先生总是很乐意领着记者去看看篮升广场或者任何一个他参与设计的岔路口，他会将两手背在身后，径直朝车流走过去，不是正着走，而是倒退着走。

也许他最得意的设计要数他的另一件代表作品，在荷兰弗里斯兰省（Friesland）一个叫奥斯特沃尔德（Oosterwolde）的村子，有一个“边界广场”便是他的设计，当地人管那里叫“红色路口”，边界广场的无交通标识化整改比篮升广场要早五年时间。在1998年重新设计之前，边界广场也是一个标准规格柏油铺道的岔道口，安装了交通信号灯，路面上画有车道线，人行横道、限速牌和各种交通标识配备规范。如今这里却已重整为铺以红砖石的广场，除此之外，再没有安置别的软件或硬件交通设施了。移除了路缘石，露天咖啡桌直伸到了现下已经绿树成荫的主干道上。同篮升广场的情形一样，在这里，车辆、自行车和行人从容穿行的景象令人印象深刻。

德拉赫滕也好，奥斯特沃尔德也罢，蒙德曼的设计理念为道路的通畅和安全性带来的改观就如同他首次大胆试水收到的效果一样成效卓著和令人称奇。平均车速、等候时间和事故发生，种种指标都几乎降至原来的一半，在有些设计案例中，甚至实现了零事故；另一方面，清除路标之后的道路总体利用率以及司机和路人的满意度都提升了一倍。在过去，行人和骑车人都尽量回避从这类繁忙的岔路口通行，现在这些路口却是从来也不会缺少他们的身影了。简单来说，如今经过整改之后的路况，无论通畅度还是安全性都要比整改之前强上一倍；人们也开始有了这样的切身体会，他们发现自己与周围环境的联系变得更为紧密了，人与人之间随时互动、互相顾念，不再是冷漠的过客，反而处处彰显了人性和人情。

无论是德拉赫滕，还是奥斯特沃尔德，都不是稀有存世、满足人们乌托邦想象的特例。蒙德曼的理念在荷兰之外的其他国家也找到了拥护并如法炮制的拥护者们，包括丹麦、瑞典、比利时、德国、法国、西班牙、澳大利亚和英国，甚至美国——在佛罗里达、马萨诸塞、加利福尼亚和科罗拉多州，尽管考虑到地域性现实而有所保留，不过也在某种程度上做到了对他的交通设计新理念的推行。尽管如此，要让这个已经快得停不下来的世界在短时间里完全接纳蒙德曼特立独行的远见卓识却还是不大可能的。

马丁·卡西尼（Martin Cassini）是一名英国独立制片人，同时也是一位公认的蒙德曼思想的空中传播先锋，在与他的接触之中，我很快就明白了一件事实——80 多年不断输出强化的思维模式是不太可能一夜之间就扭转过来的。他告诉我："首先你必须弄清楚，交通管控模式是如何产生的。"当我追溯这个过程的历史时，发现 1929 年在交通法规形成的历史上是不容忽视的一年，或者说这一年是交通管控思想形成并确立的关键性时间点。

这一年，由警察署署长亨利·梅布瑞爵士（Sir Henry Maybury）任主席的英国皇家委员会（Royal Commission）首次对主干道和支路进行了区分，规定主干道的车辆享有优先通行权，而不论干路还是支路车辆谁先抵达十字路口。"先到先得"的习惯法则被取代——不过，英国的海峡群岛如今还在施行这种"挨次通行"的不成文律法，且也证明行之有效。主干道优先通行权限还包括这样一项规定，即机动车优先通行，结果就有了如今司空见惯的情景，在飞驰车辆之间的夹缝里穿行的毫无安全保障的非机动车辆。为使这种通行优先权严格规范下来，交通信号灯被引入，强制停车让行。将减速缓行的种种不便利干脆取消，代以明确的指令强制停行等待。

同是在 1929 年，美国新泽西州在城郊筹划建设的"适应于汽车时代的新城"雷德朋（Radburn）社区完工。作为汽车时代的"大街坊"概念新城，雷德朋的设计是基于将汽车交通与人行交通完全分离的思想。驾车与步行对道路的使用及相应的要求完全不同，所以不应该粗糙地将汽车和行人划分在同一交通空间内。这种新社区的做法，是尽量扩展主干道的宽度以满足车辆通行的需要，同时将居民的居住环境建成"大街坊"的模式，社区内建有完备的步行系统和绿化带，且内部道路与主干道分离。社区内建设有小学校，这样你就不必为孩子早上上学必须要穿越一条大马路而担惊受怕了，当你在干道上开着车也不必过多担心会时不时突然冒出一个人来。“大街坊”概念社区看起来对杜绝一些交通隐患是颇为有效的，很快便在大西洋两岸普及开来了。

有趣的是，也是在 1929 年，美国密歇根大学的罗杰·莫里森（Roger Morrison）教授发表了一篇学术论文《十字路口停行规定与红绿灯轮换规则的相对效率》。莫里森在论文里对交通信号灯规则的引入持反对态度，并出示了充分的论据来证明信号灯所带来的负面效应。他认为信号灯停行规范会带来交通延误和闯红灯现象，一天之中某些道路闲暇时段不必要的停车等候会引发焦躁和不满情绪。因为信号灯转换而突然停车可能导致追尾碰撞，并且黄灯可能会变相为司机眼中的“加速灯”，甚至有司机为避灯而宁愿改道绕行。

尽管如此，英国交通部还是于 1963 年将城市规划师科林·布坎南爵士（Sir Colin Buchanan）著名的研究报告《城市中的交通》（*Traffic in Towns*）作为政策文件予以发表，对城市交通中的人、车分流模式正式给予了确认。结果，在对人们驾车的行为心理远未有真正的认识之前，这些硬性规定就这样被正式确定为我们必须依循遵守的行为规范。布坎南的这份研究报告是英国交通部之后出台的一项新法令《交通标志与总流向》制定的依据。不过也是这份文件，让马丁·卡西尼发现了交通法规中埋藏着的隐患。在他看来，交通管控系统造成了通行安全的低效率和低保障，无形中惯出了司机的自私自利，也累积了驾驶经验中的不满和愤怒情绪，同时交通设施的安装和维护也是一笔不小的资金投入。同蒙德曼的观点一致，卡西尼也相信自我管控是最理想的交通管理模式，甚至对纽约和伦敦这样拥挤繁忙的大都会也同样适用，对此，他有充分的理由来支持自己的论断。

2008年1月14日，这天是星期一，汉斯·蒙德曼刚刚去世一星期，卡尼西制作的《控诉红绿灯》在英国广播公司（BBC）二台播出。这部片子的亮点之一是这样两段视频的对比，一段是伦敦一个繁忙十字路口全面拥堵的景象，另一段也是对同一路口的记录，当电力故障导致信号灯无法工作时道路畅通无阻的画面。来听听现场接受采访的出租车司机们道出的心里话："这些灯都灭了，我们出行更方便，那么，干脆就别要了呗！""每次灯坏了，这里也从来不会发生大拥堵。大家开着车从这里过时也从容多了，难道我说的不是事实吗？""你根本就不需要这些玩意儿，你只需要在过路口的时候把眼睛睁得大大的多留心一些就够了。"

1989年4月14日，美国《华盛顿邮报》刊登了专栏作家，人称"'鬼得牢'博士"的一篇社论文章《熄灭红绿灯，结束拥堵》，之后收到的读者来信中有一篇作者署名罗伯特·方克，他在信中分享了自己不久之前的一次亲身经历：

> 上个星期有一天，费尔法克斯县和亚历山大市部分地区发生了一次大规模停电。路口的交通信号灯都停用了。好吧，"鬼得牢"博士，也许你在等着我告诉你结果路上是如何堵得一塌糊涂，大家如何都像没头苍蝇似的乱挤乱撞，但其实那天的路况出人意料地通畅。路上没有出现堵车，每个人开车都非常小心，互相之间也都礼貌谦让，反正我是没发现有事故发生。偶尔小路上会有车过来，这时主路上的司机也会自觉放慢车速同时打手势让他们先过。也许因为不用在红灯前面坐等上5到15分钟，大伙心里头也没有了往日那种焦躁和不满的情绪，所以又懂得体贴照顾别人了，或许是这个原因吧，谁知道呢？我只知道没有信号灯证明还是可行的，我那天到达公司比平时整整提前了25分钟。

也许比起既复杂又要靠钱来撑着的信号灯系统，"停"和"让"这两样路牌可以做得更好，那些信号灯反而会造成很大的拥堵。也许是时候反思一下我们现下的交通管制系统了，在路口等候的时间越久，也越是在为各种混乱情形的发生酝酿创造机会。我很享受信号灯停用那天在上下班高峰时段的驾车经验，这在平时可都是无从想象的。

汉斯·蒙德曼坚持认为，交通管制做不到，也不可能做到，让人们的行为变得谦和有礼、更有人情味，所以你必须换种方法来达到这个目的，也即通过对道路进行重新设计，重塑我们对公共空间的使用习惯，来引导出人身上的善意。正如他在2004年8月22日出版的《星期日泰晤士报》上表达过的意思："你若把别人当傻瓜，结果别人也只会像个傻瓜一样。可是你若尊重他们的智慧，他们也就会让你看到他们的聪明。"

蒙德曼的这番话，其实艺术家杰克逊·波洛克也曾经说过，两人在各自不同的语境里表达出了同一种思想：当人们身处并能够完全融入某种仅有几条简单约束条件的特殊氛围里面时，人身上天然的情境便被激活开始发挥作用，以一种自觉自发的情势对外界情境做出反应，结果会比任何强制对行为进行约束的外有规范更能产生和谐有序的行为。这种时候，人与周围情境建立起了一种紧密的联系，并在一种微妙的互动行为里维持并加深着这种联系。一旦失去这种一体性，真正的混乱也便紧随而至。汉斯·蒙德曼认为，正是这种一体性保证了人安全驾驶的行为本能，但是交通管制却完全切断了我们形成这种一体性的可能性，而且实施交通管制就等于是默认道路设计的失败，无视借由完美的道路设计原可以帮助引导我们进入那种和谐氛围的事实。

共享空间，混乱而和谐

接下来，一个非常关键的问题也就出现了：这种自发自然的秩序行为背后的推手是什么？为了解答这一疑问，我们需向一位有幸同汉斯·蒙德曼共事多年，共同操刀“共享空间”（shared spaces）城市规划项目的英国城市设计师本·汉密尔顿－贝利（Ben Hamilton-Baillie）求教。

在英国，本已有不少“共享空间”的成功设计案例，或称“家园地带”（Home Zone）项目。他设计这些社区的理念，是为了让人们能够重回街道，重新悠闲自在地在街道上漫步行走。在他看来，一块提醒你小心马路上有孩子的警示路牌，远不及你自己眼见为实即让你实际看见街道上有孩子在活动来得管用。尽管你可能也一眼瞥见了那块牌子，但基本上你很难真正重视起来，尤其平时来来去去在路上看得次数多了，就更难真正调动起你的警惕性了，充其量只是构成日常风景不可缺少的一件“作品”罢了。

本会提醒你注意这样的事实：“已经有人作过研究，发现超过百分之七十的交通警示牌实际上根本无法真正引起司机的重视。但是一旦你在马路上或马路周边看见了一个孩子在跑动，你的神经本能地就很难再放松下来，你会立即打起十二倍的精神小心驾驶。”他指出，我们过去所施行的机动车优先通行的规定实际上存在着严重的安全隐患。就比如，如果我们知道法令条规已经事先为我们排除了在公路上驾驶的安全隐患，因为知道小孩子不该出现在大马路上而相信他们就应当不会在这里出现，在这种前提下，当一个小女孩突然从侧面跑出来，她的球跑掉了，球是不长眼睛的，小女孩又一心只想拿回她的球，这时你自以为是的汽车通行保障无疑就是置我们的孩子于险境了。

但是，如果没有了人车分流的规定，你也就没有那一剂麻醉药可打了，不会再有轻慢心理，反而不得不时刻提醒自己谨慎。同汉斯·蒙德曼所持观点一致，本也说，交通管控提供的其实是一种虚假的安全保障，是在传递一种自以为安全的错觉，这是“我们可能对自己和他人犯下的最大的过错。交通法规消解了我们为自己的行为承担其相应的社会责任的能力，使我们丧失了关爱体贴他人的良善本心。法令条规越繁细，个人的责任心越趋于衰退”。

本时常爱打这样的比方：“在你自己家的客厅里，你是不需要立上一块‘不准随地吐痰’的牌子来提醒自己的。一栋房子内部的装潢设计，无论是地面铺设的地毯还是洁净的墙面，实际上无不是在清晰有力地提示一种价值，而这种价值会在无形中塑造我们相应的举止行为。事实是，如果你真在屋子里树了那么一块牌子，结果只会适得其反，混淆我们的判断。”他的意思是说，我们的行为最终是受我们周围环境和其相应传递出的文化文明信号来规范和塑造的。因此，移除我们严格划分在马路上的分界线，混淆车道与人行道的硬性区分，一种仅仅只是基于环境本身便可以引导出自律式行为的社会情境便被创造出来了。在一个由驾车人、骑行人和行人平等共享的路面空间，优先通行权被取缔了，代以对司机和路人自己的判断力和常识的尊重，从管控到自觉的这一转变，也是在对一条并不复杂的世间人与人相处之道的有力诠释——那便是，人与人之间的彼此尊重。

当我询问本他是如何看待马丁·卡西尼提到的在英国海峡群岛依然行之有效的“先来先得”、“换次通行”模式的习惯法则时，他是这么回应我的，即使是这种模式，也还是含有隐性的先后秩序规定，而任何试图规定谁先谁后的思想模式都是不必要的，因为你又会被带回到最原始的问题：人为地赋予某个目标群体一种优先权。当我们实际实现“共享空间”规划哲学，也就意味着应该与下面这些情形并无二致：当一场足球赛或是一场音乐会结束时，一群人涌出场地，又或者一群陌生人在溜冰场上滑冰的场面，其时人与人之间保持的界限或不同人的行进节奏都如同乐谱上的音调一样起伏跌宕，随时处于更改、变化之中，混乱又和谐。实际上，他认为溜冰场面完全可以作为“共享空间”的完美譬喻。

本这样告诫我们：“我们的工程师在作规划时会犯这样一个错误，多数时候我们认定事物应该被安排处于的秩序，其实只是依赖于我们浅层次上的思维模式作出的一种一厢情愿的揣度虚设，并非从切实的体验出发得出来的理智判断。如果我们能先行有了充分的感性体验观察，再着手进行设计规划，那么如今我们为自己打造的这个貌似铜墙铁壁的牢靠世界里面有很多东西其实就不会贸然出现在我们的生活里了。”他的观点是，尽管全世界每年都要投入上亿资金来安装和维护交通软硬件设施，但事实是，从来没有哪个地方真正进行过全面完备的研究来验证眼下交通管制法规的有效性——不管是交通的流畅度，还是安全性——反而出现不少研究报告已经在向人们揭示它的危害性。

接着来说说本的“溜冰场”譬喻。暂且这样来假设，你从未亲眼见识过那种场面，甚至连听也未曾听过。这天你走进了一家溜冰场，要看一看人们如何在冰面上尽情施展平衡技巧演绎冰上舞蹈。舞者绑好了脚上的冰刀鞋，这就要登上冰床秀场，场上已经到处都是冰上舞者的身影。整个场面一眼望过去只觉得混乱拥挤，但是不知怎的每个人看起来又都各得其所。

没有固定的滑道，冰面上却到处都是穿来穿去的速滑身影。一些人绕着边界滑行，却也有一些人愿意占据着中央的焦点位置，旋转、跳跃，毫不吝啬地展示自己精湛的技巧；有技艺高超的专家，也有战战兢兢的初学者，更有许多倒滑的身影夹杂其中；有磨磨蹭蹭的，也有一阵风似穿来穿去的。一块有限的空间里，上演着眼前这历历种种，你唯一想到的是，这些人真是太疯狂了。这样看上去，总体的流向还是有的，但除此之外，你很难看出在这种公共空间里一起活动的这些人是在默契地遵循着什么规则，如果这种规则确实存在的话。你被吓着了，这么多陌生人脚上踩着冰刀鞋，在一块有限的空间内快慢不一、方向混乱的穿行来往，看起来完全是处于一种失控和无序的状态。不过当你继续看下去，你注意到，其实只要稍稍掌握一点溜冰技巧，就实在没有什么需要担心的。小碰擦可能难以避免，却并不会出现严重的事故。任何恶意违反众人之间那点默契的个人行为很快就会被众人行动里那股强有力的扭转力给纠正过来。单个人的溜滑速度和方向转换无形间受到了众人的速度和运动方向的支配，呈现出一种整体性的快慢度和流向变化，正如空中的鸟阵会一致加速减速、一致偏左偏右一样。

你开始看懂其中令人称叹的人与人之间复杂精妙的交流与互动。如果你是另一位布莱恩·格林，你大概会将眼前的场面比作粒子加速器里面粒子之间热闹的作用场面，你会留心注意这些“人类粒子”是如何在小小的碰撞发生与规避之间协调平衡彼此行为的，以至形成了眼前这一幅融洽多姿的画面；如果你是另一位理查德·泰勒，大概就会说，你正在见证的是显露出分形特征的人类的“行为艺术”——换句话来说，人们冰上的行为是于动态之中体现出了对称性。最后，如果你跟这里大多数人一样，你就会意识到根本没有必要去设计什么法规来限制人们的行为。现在，你原本的恐惧消退了，自信心树立起来了，你也想亲自上场去一试冰上飞舞起来的感觉，毕竟现在这一切看上去已经不再是可怕的事，反而像是一种乐趣。

“我们自身的常识其实已经足够让我们应对现实里很多复杂的情境了，而且远胜于工程规划学一贯强行虚设给我们的一堆行为规范。”本说道，“交通指示牌和交通标线只会抑制人类社会性本能的施展，削弱人类独一无二的通过读取情境信息来对周围环境给予相应适当反应的能力。因为法令管控的迹象越多，我们的参与自觉性也越低，越难调动起自己的感官与情境进行真实的互动。”

本在寻求设计出这样一种公共空间，美观且可以带给人切实的愉悦体验，能够促进人与人之间自由、人性化的交流，就像在溜冰场上你随处可见的细节——彼此错身而过的陌生人之间会时不时交换一下眼神，互相点个头，或者打个手势，互相之间便顺利达成一种默契，保证了对空间的共同占有和使用，少了摩擦矛盾，多了乐趣自在。他在马丁·卡西尼制作的纪录片《待在车里的人，没人能听见你的叫喊》里说了下面这样一段话，表达的就是这层意思：

> 这个世界因为警告指示牌、车道、标线、护栏和路墩而变成了一个严格管控下的世界，如果将这些东西全都拿走，我们的思想才可能从根深蒂固的人、车不同流的偏见中摆脱出来，这样我们也才可能更容易想到一块儿去，到时候开着车的人也会觉得自己是在沿街散步，车里车外的人都一个样，不用像以前的做法那样搞得大家都紧张兮兮的。"共享空间"就是为了发掘和引导出人类天生便懂得的通过彼此关照通融进而协调行动的能力，不仅让人与人之间存在沟通交流，也有人与情境之间的交流互动。虽然"共享空间"可能给人的印象一片混乱，很难显得井然有序，但是人们是在运用自己的智慧和直觉互相打交道，已经不再是机械地听从命令行事，不再任由那些"从天而降"的路牌和信号灯操纵摆布了。

本·汉密尔顿–贝利每设计一例"共享空间"作品，就等于在创作一件"波洛克"风格的艺术品，或者，更确切地说，他创造出了一种"波洛克式的生活空间"。他预置了一块画布，当人们自发自觉的行动在这块"画布"上演绎出一派错综混乱实则和谐一体的景象时，也便诞生了一件波洛克式艺术作品。正如理查德·泰勒设计的"波洛克生成装置"，借用风力捕捉自然搏动的分形图案，并将之呈现在了画布上，这些"共享空间"捕捉呈现的是人类智慧催生的分形自律行为。也如一幅波洛克油画作品一样，外在的嘈杂混乱不期然涌动出的是有机性（人与人之间互相关联协调）、高满意度和独特的美感，芸芸众生借由自己的行动于无形间创造出了只供造物主欣赏的展现对称美的"行为艺术"。

模糊性与不确定性的神秘力量

本章所做的种种努力都是在试图为你搬走遮挡在"对称"这片丰饶土

地面前的那座大山，最后还有几个关键点需要提及一下，以便你的目光可以轻而易举地触及这片土地最深处的风景。

首先，“对称”是细细密密织络进宇宙肌理里的一根金线，是浩瀚宇宙衍生、构成的基础。自人类产生文明起，便已经开始了对这种自然界中神秘秩序美的探求与追索了，而其实远在人类文明出现之前，这种美就已经根深蒂固地存在这宇宙空间里了。这种特质不断重复出现在世间万物的形态结构塑造过程中，以自我重复为特征，形成了一种独特的韵律感，从人类肉眼永远也不可能看到的能量弦，到天气形态和遍布山川、海岸和树木植物的生存环境，直至遥远的星系。我们自己也是这种宇宙特质的制造物，从内（内部生理构造）到外（外在形体结构）无一不是，我们的一举一动，我们的现实与情趣，无不与之紧密相连，可以说我们的一切都建立在对称带给我们的特殊秩序之上。

“对称”帮助我们应对这个世界的千姿百态，应对层出不穷的机遇以及威胁，虽然我们并不是从一开始就意识到了它的神秘效力，它于我们自身、于这个世界的重要意义，但现在我们知道了，它就在那里，在我们的行为背后，在自然的千姿百态里，我们要做的是尽力在现实情境里辨认出它的演绎形式,去“发现”它不动声色地就在那里呢。但是难就难在这里了,“对称”并不总是那么显而易见的，确实有时候一眼便能识别出来，但它有时候也“深藏不露”。而且我们也有自己的问题，总是不太明白该往哪儿看，我们善于摄取局部信息，却不善于统观，而我们的目光所捕捉到的局部上的印象往往一片混乱嘈杂。所以，我们便自己折腾自己，一贯地庸人自扰起来，以为必须依靠我们自己的“聪明才智”才能创造出这种秩序美来，通常我们也总是会不遗余力直奔“主题”，借由外在严格的规范来组织出我们所渴慕的秩序来，而非耐心地向事物和我们自身具有的这种隐秘的单纯本性去寻求帮助。

现实问题层出不穷，我们总在试图找出新颖或“先进”的解决之道，于是人类引以为豪的科技文明便开始派上了用场。但事实上，如果我们能放弃“进取”，转而静观和思考——撤离任何干预，直至意识到世间万物中一再出现的简单法则就在那里——反而可能有惊人的发现，混乱失控的表象之下就藏着我们苦思冥想的答案。秩序原本就存在，不需要我们的设计，只不过我们没能立即就意识到。换句话说，我们一直在寻求解决的问题或者困境，可能并不总是需要我们积极的干预。如果是这一种情形，那么了解了“对称”神秘的能量，我们便可能设计出更完美的作品，为问题找出更优雅的解决之法。

想想吧，“共享空间”这一道路规划理念真的很激进吗？所谓的“激进”仅针对十足的现代意识语境而言。你只消看上一眼1929年之前的城市老照片或城市风光画片，要么上YouTube搜索一下“印度交通”的视频录像——那些旧日街道，挤满了行人和各式交通工具，人、车挤成一堆，可是大家都各得其所，那种场景并不会令你不舒服，人与人之间反而一派祥和。然后，你就会明白“共享空间”其实只是简单地让我们退回到我们的过去——交通信号灯强制管制措施引入之前的旧时空。

接下来要说的第二个问题也是前面第一点的延续，就借著名的“蒙大拿悖论”（Montana Paradox）来展开吧。1995年的12月，美国蒙大拿州又重新起用了1975年之前实施的高速公路行驶速度规定，重新翻出来的旧法令跟德国人无限速的做法很像，不提供最高时速限制，而是换作了模糊的软性条规——“合理并且谨慎”，这就要求汽车驾驶员必须根据当时具体的道路行驶环境自行判断和控制车速。之后的五年时间里，蒙大拿在其主要的乡村公路实施了这项不限速规定，结果创下了25年内公路最低死亡率的纪录。但是，在这一条例实施期间，蒙大拿州警察署因为不得不考虑到实际执法过程的可操作性，对这一规定进行了自己的解读，结果违背了其制定的初衷，临时设定了 80~90 英里 / 小时（约合 129~145 千米 / 小时）的最高时速限制。交警在执法过程中依据这一非法定最高时速规定开具罚单时不可避免地遇到了合法性的问题，蒙大拿州最高法庭最后做出裁决，宣布“合理且谨慎”作为公路行驶车速的法定标准因为其模糊性和不确定性违反了宪法条例。2000 年，蒙大拿州恢复实行公路行驶的最高时速规定，当年公路死亡率就蹿升了 111%，之后两年内，蒙大拿州的公路死亡率创下了历史上的最高纪录。

“蒙大拿悖论”其实巩固了我们先前的认识，人原本就有平衡自己行为的能力，但若是无视这一事实，试图从外加以约束管控来创造出这种平衡，其实无意间是在将事情往失衡的一面引导。贸然去借助外力打造秩序和纪律性的行为，往往会事与愿违，径直走向预期效果的反面。之前从对分形对称的介绍中，我们得到过这样一条启示——在我们的现实问题情境里，极可能只是需要几条不多的简单规则，便可以创造出有力、高效和结构严谨的问题解决策略、作品或是实物形态。人们规规矩矩遵守费尽心机设计出的一套繁重严苛的权威性法令条例，就算是优雅地解决了我们的现实困境了吗？或许一转身，你会发现还有更好的解决方式：仅需要彼此之间达成一、两个重要的协定或者共识，且这些共识或者协定通常并不依赖于外在的警示，对每个人都是合情合理的，而且每人都会自觉为之承担起相应的责任，然而，每个人又都拥有各自解读和变通的空间，并且不会因为具体情境的转变而显露出局限性。

这一切背后的逻辑可能会有悖于我们的直觉：你越竭尽全力试图去制服和排除险境，越有可能会让自己暴露于险境之中，原因就在于，当我们自以为外在的防护措施已经万无一失，危险再不能近身了——殊不知这种盲目膨胀的自信心全是建立于外在的条件之上，只要是条件就会受限于现实情境——也正是隐患乘虚而入之时。我们实际上是在自我麻痹，自我隔离，一举斩断了我们的感官头脑与周围环境之间天然存在的互动关联。而失去了这种本能应变机制是非常危险的。举例来说，如果你的车换了一个更灵光的刹车，你开车的习惯也会变得跟之前不大一样，这是不需要学习驾驶也能明白的事，你会开得更快，并且会迟些刹车。这是受到人的生存本能的驱使，为了能更安全，而对自己的行为作出的相应调整。反之，如果你一直迟迟没能给自己的车更换新的刹车垫片，并且很清楚你的刹车有一点不太灵，那么你自然就会尽量把车开得慢些，并且会提早些刹车。这都是你为了确保安全自发采取的行为，因为安全是人类最大的本能需求。

这里所做的这些讨论对于如何看待对我们的现实工作或社会环境氛围进行严格监管这一实际问题具有很重要的意义，对政治或企业环境的营造也有启发意义。举例来说，许多大企业都会通过拟定严厉的处罚条例来试图降低员工的高缺勤率，更有甚者还专门在企业内部任命一些“旷工协调员”对员工进行监视。像这种企业他们就觉得，监管得力，员工才不敢随随便便“来去自由”。不过丰田汽车公司的做法却恰恰完全相反。

1983 年，美国通用汽车公司（GM）通过与日本丰田公司合作，合资重开了加州北部倒闭的一家子工厂，这家工厂在关闭之前一直存在“两低一高”的问题——在通用汽车所有子公司之中，产量最低、质量最低，而且员工的旷工率高达 20%。新的合资企业 NUMMI 继承了原有的员工班底，丰田接收工厂之后，将原有的一百多个工种缩减至三个，十几级的技术监控削减至只剩几个，丰田企业文化里的精华和核心价值也被引进，即在企业内部建立起两条关键性且不容置喙的共识：“尊重他人，不断进步。”所有员工都被明确了各自的职责，并且被鼓励自主思考，发挥创见。过了两年时间，缺勤率已经降至 3%，汽车的产量和质量也创下新高。工会备案的 5 000 份员工投诉记录消失了，基于员工自主创新推动企业绩效提升的记录却出现了 15 000 份。

说到这里，我们似乎完全可以得出这样的结论来了：当确定性和预测度降低之后，参与意识会相应提升。“共享空间”这一城市规划哲学便可作为一则有力的例证。对一事物所做的陈述限定越少，其越可能以自我圆满的形态彰显出内部本具的能量。不确定和模糊性能够制造出一种引力空间，让我们愿意慢下来前前后后地多想想。我们习惯了在情境里发现对称和秩序，也迫切需要它出现在那里，正是因为我们没能第一时间发现它，所以才会“着了它的道儿”。

1969年，爱尔兰剧作家塞缪尔·贝克特（Samuel Beckett）获得了诺贝尔文学奖，也是这一年他用法语写作并发表了一部实验短篇小说《无》（*Sans*）。后来他又用英语重写了短篇，下面的节选部分就摘自英文版《无》（*Lessness*）的开篇两段：

> 废墟是真实的最后一次面朝偷身的庇护地将匆匆虚度的岁月留掷身后。八方四面看不到边界和停顿那是天与的一个沉静漠视的人。鹤发苍颜，一双淡蓝色的眼睛，渺小躯体的胸膛里的心只向上和向右跳动。突然的昏厥四面墙陡然敞开，向前向后坍塌如此才是我无可辩驳的庇护所。
>
> 满地灰色废墟的荒漠和骨灰的灰色，是我真实阴晦的庇护地。四方空地到处茫茫的白光和黑色飞机群烟消云散了。一切都是虚构，除了不问过去不卜将来，永恒在这里的灰色的空气一晃而过的光。无声无息的灰色天空瞪视着大地，大地瞪视着天空。悄然流逝的分分秒秒里面只做了这唯一一个永恒的梦。

大概你正绞尽脑汁想从这两段简短的叙述里面整理出一个合理的故事脉络来，试图搞清楚作者究竟在讲些什么。虽然《无》文本破坏了传统的叙事逻辑，完全是一场混乱的叙述，但实际上混乱的表象之下有严格的秩序和对称结构在支撑着。《无》的实验性在于，文本是贝克特根据几条简单规则随机写出来的。事实也是如此，确定性的文本在意义上的不确定性，构成了荒诞大师贝克特作品中的诗意。大师对于营造出文本意义的不确性的文学写作手法也相当精确严谨。耶鲁大学图书馆收藏有一份文档资料，提供了贝克特本人所披露的几个有关如何解读《无》的要点。这部短篇实验小说建立在六个“叙述群”上，一个群组由十句话构成。贝克特将这六十个句子重新打乱，每个句子在文本中出现两次，每次出现在不同的段落，与不同的句子重新构成新的叙述语境，两次重组排列最后形成这篇一百二十句的文本。每个段落都有三至七个句子。贝克特没有明确透露文本创作的总主题，但是他设定的这六个“叙述群”，每一个群都含有主题的部分信息在里面；另外，一些学者认为，六十个句子构成六个“叙述群”，这种形式化的结构是对人类对时间进行分割重组的主观行为的曲意反观（60 分钟构成一个小时，24 小时构成一天，7 天构成一个星期，12 个月构成一年，如此等等）。贝克特曾向研究戏剧文学的学者鲁比·科恩（Ruby Cohn）透露过创作《无》的具体方法，1973 年科恩曾出版过一本《回到贝克特》（*Back to Beckett*），书中就披露了相关内容，谜题这才解开了：

> 他是在六种语境里创作了这六组六十个句子，每一组的创作语境都取自一幅画。贝克特当时在六十张纸上分别写下了这六十个句子，再全部混在一个瓶子里，然后随机抽取出来，这个过程重复两次。构成短篇《无》的一百二十个句子就是通过这种方法随机拼凑起来的。接下来贝克特又在四张纸上写上“3”，在六张纸上写上“4”，“5”写在四张纸上，“6”写在六张纸上，“7”写在四张纸上，这么做就规定了全篇会有二十四个段落，其中有四个段落由 3 个句子构成，六个段落由 4 个句子构成，以此类推；跟着再一次用随机抽取法来确定构成每一段的单句数目，比如第一次抽取出的纸上标记了“4”，结果首段就会有四句，第二次抽出的纸上标记了“5”，所以第二段是有五个句子构成。依此法，一百二十个句子最后被分割成二十四个段落。

不管《无》事实上是不是随机性拼凑出来的，重要的是在读者看来它就是一场混乱的叙事。以往小说对称性的叙述架构和有序的步步铺陈，忽然都消失了，这也是读者之所以被吸引的原因：你不知道接下来跳入你感知语境的会是什么，你不能从文本中概括一个简明扼要的信息出来。实际上，数学家们已经替我们作出了这样一个结论，可能贝克特真正的创作意图是想告诉读者，不要枉费心机去试图消除表面存在的混沌，而应该学会去接受、包受。他们还强调了一点，《无》上下两部分各有 769 个单词，而 769 恰是一个质数，只能被 1 和自身整除。爱尔兰都柏林大学的两位教授，伊丽莎白·朱（Elizabeth Drew）和麦兹·哈尔（Mads Haahr）曾发表过一篇研究这篇实验文本的论文《“无”——偶然，意识和意义》，文中有这样一段话：

> 文本缺少一种确定性，缺少引导故事发展的明确的线索走向，然而这种缺失却恰恰刺激了读者与作品的积极互动。叙事尽管混乱，但是文句传达出的信息像是存在着很多内在的联系，引诱着读者试图从失序中找出一种意义，从碎片中重新拼合出那个隐而不露的剧情来。

讨论进行到这里，一个关键性的疑问出现了，这一切是怎么发生的，为何这种模糊性和不确定性能够引诱我们走进这部不明朗的戏剧，参与到它的创作中去？它又是如何做到的？

IN PURSUIT OF ELEGANCE

03

诱惑

此时无声胜有声

IN PURSUIT OF ELEGANCE

如果你打定了主意，决定拿出一天不与身边世界互通有无，哪怕是不可能完成的任务，那么不管是简单的，如为期待已久的一次晚间外出就餐选择一家餐厅，还是极富挑战的，如设计一件全新的产品，我们永远都在通过攫取外界的信息来逐步形成自己的独到见解，同时也在将我们的思想成果回馈给大千世界。那些普世的说法都在这样劝诫我们，只有具体的、圆满的和确定明白的方法才可能获得成功。可是真正有魅力的见解，有成效的方法却通常与上面那些条件都没什么干系。正如篮升广场和本·汉密尔顿－贝利对人多车杂的交叉路口进行重新规划的设计哲学告诉我们的，模糊和不确定性能够产生令人信服、效果神奇甚至救人性命的良策善法。

那些让人真正心悦诚服的好点子都有这种本事，能让我们心甘情愿地跳进它的“圈套”，由始至终保持高兴致和高参与性。如果对下一秒究竟会发生什么产生疑问，那就制造出了悬念。悬念会让我们在观看一部恐怖片时一动不动、凝神屏气，也会让我们在阅读悬疑小说时恨不能一口气读到结局。如果太容易猜到结局或者结局还不够出人意料，我们就会觉得失望。而且，一旦我们相信自己已经猜出那个结局，我们的兴趣也就忽然没有了。

那么，吸引我们、能让我们为之着迷、为之耗尽想象力也心甘情愿的神秘魔力背后究竟有什么？也就是说，我们且问一声，这世上那么多的神秘美妙之事之物之人，究竟是被怎样一只手打造出来的？是什么造就了它们？

混沌与空

2007 年 11 月 2 日下午早些时候，巴黎的卢浮宫，名画《蒙娜丽莎》的永久“定居”地，我在这幅油画作品前站了很久。为了解决不确定和模糊性的引力源头问题，我深入不同学科希望能有所借鉴和启发，这期间我偶然发现著名艺术史学家贡布里希（E. H. Gombrich）在其著作《艺术的故事》（*The Story of Art*）里论及达·芬奇的这幅传世名画时有过这样一段话：

> 第一眼看见这幅画，首先打动我们的是画中人丽莎完全像个活生生的人，看上去她真的在不出声地朝你看着，是若有所思。像跟真人一样，她的形象在我们的眼睛里无时无刻不在发生着微妙的变化，前一秒的她与后一秒的她看起来不太一样，每回我们重新站在她的面前与她对视，她看上去又与之前的不同了，甚至只看这幅作品的照片，也会有这种不同寻常的体验，更不必说面对卢浮宫里的原作，那种微妙的体验更是言语难以传达的。

老实说，当我看着这幅油画的照片或复制品时，贡布里希所描述的那种神秘的体验并没能在我身上重现。于是一趟卢浮宫之旅被排上了日程，我抱了很大的期望来走上这一遭，希望原作品能向我传达出那种神圣的不可思议的境界。后来的经历证明，贡布里希的话并不夸张。第一次面对《蒙娜丽莎》，你发现那是一个被悲伤和绝望浸透了灵魂的女人；快速看了一遍国家大展厅内陈列的其他作品之后，我又回到这幅画作面前，现在她又像是在跟你调情了；第三次再回去，好吧，这回你又整个觉得她那神秘的一笑根本就是嘲讽你的意思了，借用贡布里希的话来说："听起来相当地不可思议,但事实就是如此。"问题是,是什么让"蒙娜丽莎"这样"变化无常"，这样叫人着迷呢?

莱昂纳多·达·芬奇是意大利文艺复兴时期最负盛名的天才大师，也是擅长将不确定性和模糊性融入作品之中的艺术巨匠，从《蒙娜丽莎》便可看出他的奇特才能。不过这里所指并不涉及那些坊间流传的秘密社团、宗教阴谋或者其他神秘代码之类或真实或捕风捉影的说法。15世纪晚期，达·芬奇在自己的绘画中解决了佛罗伦萨画派所面临的困境，也是造型艺术上的一个关键性课题：如何让平面形象更立体更生动。《蒙娜丽莎》问世之前的绘画作品，即使是那些最引人注目的杰作，刻画出的人物形象也普遍难有人味，更像是石刻雕像，呆板沉闷，了无生息。贡布里希认为，一位画家越是试图将人物真实呈现在画布上，越是力求做到线条分明、形象明晰，观众越是难以将画中人物与一个生动、呼吸着的人联系起来。

为了突破盛行一时的佛罗伦萨画风的局限，达·芬奇首创了明暗渐进画法（sfumato），从字面上来理解是"如同烟雾一般的创作呈现"，他粗略形容为"无需线条，无需界限"。明暗渐进画法是对线条轮廓给予一定程度上的模糊处理，让色彩渐次融合。正是借用这种特殊的绘画手法，达·芬奇成功地让自己画笔下的人物栩栩如生，呼之欲出。不过如果你留心去看画中女人的眼角和嘴角,《蒙娜丽莎》的神秘就多少能被理解了。人的情绪传递主要就是通过这两个特定部位，达·芬奇却有意把这些部位处理得若隐若现、朦朦胧胧，她看上去那么鲜活逼人，原因就在于此。她的表情是捉摸不定的，究竟她是喜是忧，留给观众很大的空间自己去判断感知。

对一些有志于追求艺术的后辈画家，达·芬奇给出过这样的建议："要这样来作画，将边界晕涂出一种雾一般朦胧的效果，既能够接受视觉分辨，又并非界限严明的生硬轮廓……即让画面有混沌的空间，换言之，不要太清晰。”由此可见，达·芬奇是在提倡画家要懂得在画布上创造出供人想象的空间。为什么他会有这种不太寻常的主张呢？在贡布里希看来，那是因为达·芬奇已经意识到，其实吊人胃口的表现方法要比精确无误更能调动观众目光的积极参与。正因为“混沌可以激发思考”，所以达·芬奇教导后辈艺术家在绘制草图时可以保留一些不确定的因素，不成熟的思考。贡布里希告诉我们，明暗渐进画法营造出来的特殊效果能够激发观众“试图去主动理解画中未能明确表现出的内容”。不尽言，不尽显，反而留下一些东西让我们去猜，这确实是只有天才才敢有的奇思妙想。即便已经过去了五个世纪，达·芬奇的作品依然在催生各种文化口水，丰富人们的文化福祉，各种讲座不断，各执一词的争辩层出不穷，有人出了书，在小说世界里延续他画里的神秘，也有人拍了电影，让未解之谜继续燃烧我们的想象力。

不过在这条蹊径上，达·芬奇却并非那唯一的身影。由意大利雕塑家多纳泰罗（Donatello）开创，后经米开朗基罗之手发扬进而广被世人所知的“non-finito”（意思是“未完成”或“残缺”）美学风格，便是同一种艺术创作哲学的体现。这种“non-finito”美学体现在浅浮雕的创作风格上，作品最后呈现出了一种未完成状态，而且因为处于半成品的状态，还未从石料中完全脱颖而出，作品看起来更深地嵌连在背景里，从而能够达到一种特殊的艺术效果。看米开朗基罗的雕刻作品，人物形象基本上都“深陷”于材料之中，据称，这种技艺手法更能突显和留住人物形象奋力挣脱的苦苦挣扎之势，从而引发观众强烈的情感共鸣。

不论是达·芬奇将不确定性融入艺术创作，还是米开朗基罗有意识地将作品定格于未完成状态，追溯这种理念的源头，却发现他们并非这种稀缺精神真正的首创者。12、13 世纪，日本盛行禅学，期间，日本的艺术家和哲学家开始对禅中一条重要的美学观点有所汲取和借鉴，即“空寂”。禅学持此论，人类千回百转、永无停歇之时的心念，其实本质是空。音乐和戏剧中突然的停顿，绘画中的留白，乃至日本艺妓茶道表演里克制性的肢体动作，无不有特殊的含义，其深意就在于，在禅思艺术家们看来，只有当我们让自己暂时处于“不作为”或静寂状态时，此时此刻体内的能量才能被真正调动起来。禅宗里有这种思想，人无自性，认语为真，人的心念百转千回，难描难述，一语暗示便可“偏视偏见”为真相。而且人思想里往往存有这种误知，认为自然万古长青、永世长存，与人生的种种无常形成悬殊对照，这是我们从生命短暂无常的切身体验里得出的不完整印象。禅思艺术家希望借由艺术创作来传达自然亦无常，一切无常，残缺才是常态的思想。他们会明确有力地将不对称、不完整融入自己的作品之中。这种艺术创作手法结果引发了这样的效应——艺术观看者会自主补全缺失以形成对称，由此成为作品创作的积极参与者。

日本镰仓时代的诗人藤原定家（Fujiwara Teika）曾在自己的诗歌理论著作中提出过和“non–finito”美学观点一样的思想，只不过提早了几百年。在他看来：“诗人若在诗作开篇便出色引入一种独特氛围，也必定能在诗作结尾留下一种供读者辗转反复、回味无穷的意境，所谓意犹‘未尽’以至余情‘可追’，无穷无尽的遐思从此而生。”藤原定家的作品成为推动禅宗思想对日本精神世界和审美意识进行渗透影响的主导因素之一，他的美学论著被史学家视作阐述艺术创作哲学的通用手册。

随着文艺复兴思潮由意大利传播到西欧，“non-finito”美学观点的影响也扩散到了西欧。1620 年，英国文艺复兴时期著名哲学家弗朗西斯·培根爵士意识到人类认知过程存在瓶颈，他通过自己的哲学思辨来让人们意识到人类忽视了自己在理性和感官上存在的缺憾，并试图让人们突破这一瓶颈。弗朗西斯爵士在著作《新工具》（*Novum Organum*）里明示了这种顾虑：“人类理解力的最大障碍还是来自于感官的迟钝、不称职以及欺骗性，表现在那些直接打动感官的事物竟能压倒那些间接打动感官的事物，即使后者是更为重要的。因为这样，所以思考一般总是随视觉所止而停止，竟至对看不见的事物很少观察或者完全不予观察的地步。”

培根的哲学思辨很可能为 18 世纪晚期英国浪漫主义文艺思潮启发了一种新的基本思路，使得如何利用“non-finito”美学思想来突破人在认识和接受信息时天然存在的局限性以便使观众与作品形成更积极的互动联系，成为了艺术家们的主要兴趣点，也可能同时促成了草图（素描、速写）正式成为一种独立的艺术形式。1757 年，爱尔兰哲学家埃德蒙·伯克（Edmund Burke）就曾在自己的著作中提到，这种不完善的粗疏勾勒之笔，其实更能激发观众想象力，“远胜于最好的求精之作”。1762 年，苏格兰哲学家卡姆斯勋爵亨利·霍姆（Henry Home，Lord Kames）在其著作《批评原理》（*Elements of Criticism*）中将“non-finito”美学思想设为自己谈论的中心议题，书中他还提到了中国的园林：“中国人擅长制造意境，虚与实、真与假、因与借、动与静、有法与无法，发人清思、引人浮想。池水的发端往往或掩或破，人工瀑布旁常植树加以掩映，杂木迷离，隐隐绰绰可见落水清白。一旦想象空间被营造出来，一花一亭一山一石一枝一影自然也都意趣非凡。”

19 世纪晚期和 20 世纪初期，法国后印象主义绘画大师保罗·塞尚（Paul Cézanne）追求通过不同的色彩感觉和造型风格形成不同的画面来带给观众完全不同的欣赏体验，将“non-finito”艺术观点更极致地融入了自己的作品创作。尽管那些绘画被早期的恶意批评者贬斥为半成品，然而，塞尚从未妥协，始终坚持发展自己的艺术观点，在他看来，一幅画若要被观众看见，离不开观众的主动思考和积极想象，他利用自己的画笔将这种艺术思想变为现实，审慎协调画面色调的相互关系，形成一种特殊的表现风格，为观众的感知营造出了一层神秘的空间。

到这里，我们讨论的都是历史上的例子，作古了的事情，不过“non-finito”哲学还在继续为今人所用，从未丧失它的时效性，依然大量现身于现代人的创作之中。当然了，《黑道家族》最后一集的创作手法是不用我继续在这里多啰嗦了，这里要提的这个例子是 1967 年迈克·尼科尔斯（Mike Nichols）执导的经典电影《毕业生》里的一个场景。由达斯汀·霍夫曼（Dustin Hoffman）扮演的本，可能你还有印象，就是那个在电影里故作轻松地问道“罗宾逊太太，你是在引诱我，对吗？”的年轻大学毕业生，在影片里他有这样一段戏，穿着潜水服、戴着面罩呼吸器的他左手拿着猎鱼枪，在一群无故欢腾起来的宾客注视下慢慢步近游泳池，跳进水中，沉入池底，也沉入了对他表面光鲜和所谓前途无量的人生的思索之中。这一段没有任何对白和旁白，没有音乐，只有本被放大了的粗重吃力的呼吸声，在我们耳边起起落落。不过由于前面剧情已经有了一段出色的铺垫，给我们提供了充分的情节和背景来解读主人公此时此景的心理活动。与此同时，这场戏依然保留了它的开放性，在种种“缺失”中，我们可以带入自己的亲身经历和熟悉的情感回忆来对主人公的处境作出个人的解读。影评人乔·摩根斯坦（Joe Morgenstern）就曾有过这样的盛赞，这持续两分钟的“沉默”是电影史上最不可磨灭的记忆和最富天才的构思。

说了这么些之后，看起来，当我们按照“处理问题的方法必须具体、完整”的传统规则行事之时，偶尔还是需要一些明目张胆的“违规操作”才行。实际上，再把这些手法当作“违规操作”，可能怕是要落伍了。如今它们可能正是那些新规则新艺术所依循的核心理念，就比如当下一些艺术家和设计师们在自己的创作中会注意创造和留给观众一些空间去自由参与完成他们的创作，让由他们开始的创作去汲取每个观众自己独一无二的气质，这也是对于他人（受众）智慧的特殊敬意的体现。而且，也正是这种新规则新思路，让那些懂得掌握它们的人成为了游戏规则新的制定者。

极简哲学

2007年1月9日上午，时任苹果公司首席执行官的史蒂夫·乔布斯走上旧金山市莫斯康尼会议中心的演讲台开始主题发言，同时也正式为2007年的MacWorld大会（由IDG/美国国际数据集团创办的苹果大会，是专门面向苹果Macintosh平台的行业展览会暨会议）揭开帷幕。台上的他一身黑色高领套头衫搭配牛仔裤的标志性打扮，向与会观众演示苹果公司最新推出的后来证明也是最伟大的一款电子产品。这种不可思议的产品，就是苹果公司自主设计的iPhone，计划于五个月后即这年的六月底上市销售。当乔布斯对这种重新定义移动电话使用体验的创新手机性能的介绍越来越深入时，在座的听众也越来越为当日在这里的所见所闻所震动。

这款新产品的设计令人惊艳，这正是用户已经从苹果的其他产品那里感受到的独特品质。这一次苹果公司决定进军手机市场，首次推出的这款试水之作是将创新的移动电话、可触摸宽屏iPod以及具有桌面级电子邮件、网页浏览等功能的突破性因特网通信设备这三种产品完美结合的智能手机。不同于市场上的优势机型，它们只能算是具有电脑功能的移动电话，iPhone却是名副其实的具有通话功能的掌上电脑。实际上，它是集苹果公司所有产品功能于一体的完美设计，毫不打折扣地囊括了几乎人手一支的创新产品iPod的完整功能。众所周知，iPhone充满了美感，称得上是一件艺术品，之后的事实也证明了它不可抗拒的魅力。

尽管iPhone的强大功能令人目眩，不过令观众吃惊的却是它突破性的简约设计，甚至已经不止是吃惊而是感到了极大的震动。苹果产品爱好者都已经很熟悉乔布斯对简约美学的情有独钟了，他们都了解，乔布斯尤其着迷于针对按钮的极简主义设计，最初的Macintosh电脑键盘上甚至不包含方向键。直到2005年，苹果生产的鼠标始终都只有一个按钮，不同于大部分鼠标都会有两个按钮的传统。乔布斯先生一直不满于多按钮的电脑鼠标行业标准规范，指出那是“很不优雅”的设计。苹果台式一体机只有一个电源键，甚至没有主机箱，日本东京银座苹果零售店的电梯没有按钮，顾客只能一层一层参观，他还取消了店内设零售柜台的常规做法，就连见到他穿有钮扣的衬衫的机会也极少。

不过，当把自己的极简主义哲学应用于iPhone的设计时，乔布斯先生拿掉了全世界的手机都一定会有的键盘区。不配书写笔，抛弃几乎所有的物理按键，只保留了一个Home键。即使是以苹果产品一贯推崇的干净优雅的设计标准来衡量，iPhone也算得上是他们目前为止最简约的设计了。操作全部移至触屏上，手指作为终极定点设备，iPhone利用它们创造出了自鼠标以来最大胆、最惊艳的交互方式。可触摸的宽屏，用户只需轻弹手指就能轻松滚读全部歌曲、浏览他们的照片图库、从因特网同步最新最完整的联系人信息，显示屏带有播放控制和音量触控按钮，为在袖珍设备上观看电视节目及电影提供了终极的交互体验。iPhone是市场上出现的唯一一款只依赖软键盘的电子产品，不提供物理键盘，当用户需要输入时，iPhone会呈现一个基于屏幕显示的能够防止以及纠正错误的触摸键盘。

接下来，让我们来看看“简约”是否就带来了吸引力呢？iPhone不循常规而且大胆的设计一出，那些喜欢用传统来度量他人的异见者几乎同时间站出来说话了，就像《黑道家族》最后一集一播完，压也压不住的指责批评声便跟着来了。这些人首先针对的便是iPhone放弃物理键盘的做法，现代人的使用习惯让键盘已经成为不可或缺的配置，还从来没有一款只使用软键盘的电子产品在市场获得过巨大的成功；第二，他们不满于苹果公司选定的唯一合作运营商AT&T公司，理由是其的手机网络数据传输速度太慢，且单运营商策略限制了iPhone手机用户无法接入网速更快的Wi-Fi网络。一片质疑声里，来看看乔布斯本人和苹果用户大军是如何反应的。

一方面，质疑之声反倒激起了果粉们的强烈反弹，充其量是大方地为广大的果粉创造了一次“表忠心”的机会。这一点，去看一看网友们在博客上的激烈反应便清楚了，支持者的数量每日都呈飞速增长之势。另外，乔布斯本人也立场坚定地对流言给予了有力驳斥，希望那些异见论者能够尽早放下偏见、抛开那些不必要的顾虑。当美国《华尔街日报》的科技专栏作家莫博士（Walt Mossberg）希望乔布斯能够为自己取消物理键盘这一决定作辩护时，乔布斯给出了这样的回答：“iPhone的软键盘技术成熟，能预测输入并自动纠错，还可以根据自己需要实现自定义软键盘，用户用起来会觉得更轻松更有效率。当然，不需要的时候键盘随时可以取消，还原出iPhone完整宽大的显示屏来查看邮件、浏览网页、查询地图、欣赏图片、观看电影，无论未来你还想做什么，都能保证给你最佳的体验。在我们看来，iPhone的软键盘是这部创新电话最有竞争优势的设计之一，也是最大的商机之一。”

谈起iPhone智能机这种极简设计概念的诞生，就要说说乔布斯对之前自己用过的手机的满腹牢骚了，正是对过去用过的每一款手机糟糕的使用体验使他萌生了自己重新设计的想法。对他来说，那些前iPhone时代的手机设计都太费周章、极其“难”用，键盘按钮太小以致总被手指遮盖住，就是最让人头痛的糟糕体验之一。

不久，iPhone作为一款即将上市的新品，被业界认定炒作力度胜过了之前任何一款产品。有意思的是，事实情况却恰恰相反，苹果公司并未就这款新品开展过什么营销活动。如今商家们在对新品上市之前的大力推广都不遗余力，各种营销手段无所不用其极，如折价促销、媒体战术等等，但苹果公司却选择了反其道为之。实际上，他们确实“掣手”或放弃了商家在新品投放市场前都不敢放松的诸多推广营销工作。

按钮取消了，他们也一道取消了一场新品投放市场前的营销大战。没有持续几个月的市场宣传，没有多渠道的报道推广，没有动辄上百万美元的广告投放。史蒂夫·乔布斯就是这样一个对简约之道表里如一的实际践行者。同他的极简设计相得益彰的是同样简单的市场策略：出来发表一下，之后便两手一摊什么也不做了。直到上市前短短几日才投放商业广告，没有故意泄漏商品信息以吸引感兴趣的媒体自动上门，乔布斯也没有借在电视节目上频频曝光来为商品作隐性推广。苹果也没有将产品的演示软件大批发放给那些有影响力的科技专栏记者，没有先行在报纸和网络媒体上刊登新品体验文章，没有转而直接向广大果粉们布道，没有优惠价报价或折扣——其最低报价是市场上新款手机平均价格的3倍，也没有提前订购服务。实际上，2007年6月29日，当天苹果公司限制只准在苹果专卖店进行发售，而且规范了统一发售时间，所有专营店都必须在晚上六点准时开始发售。从这里，我们看到的是苹果公司对"掣手"哲学最优雅的实践。

2008年3月，《财富》杂志将苹果公司推为"美国最受尊敬的公司"，并赞扬他们具有"最受尊敬的创新精神"，这份荣誉多半要归功于iPhone智能机的成功，乔布斯曾回应说："我们只是更倾向于专注。人们认为专注就意味着对落入你视野的事物说'是'，但其实完全不是这么回事。专注是要让你对已经握在手里的几百个其他的好主意说'不'。你必须谨慎取舍。实际上，我不仅对我们已经采用的设计感到自豪，对许多我们不得不放弃的设计，我也同样为它们的出色感到骄傲。"这段话透露出了一个事实，"掣手"哲学才是"苹果"之道的核心理念。

当iPhone终于上市发售之时，超过半数的美国和英国移动电话市场已经对它有所耳闻，几乎有2 000万美国用户表示很感兴趣，打算购买一个，不管价钱超出了市场均价多少倍，也不在乎要等上多久。甚至还未上市，iPhone就已经令众人"为之倾倒"。

iPhone智能机的例子是在商业环境里开启"non-finito"哲学神秘能量的完美诠释。不过如果要从根本上彻底了解未知、未尽释和未完备的魅力来源，你还需要了解一些人性，了解我们的思维是如何在后台隐蔽操纵着这一切的。

好奇心，“缺失”魅力背后的秘密

当希腊哲学家亚里士多德坚持认为“人生来有求知欲”时，他指的是人类生就的好奇心，或者借用大文豪塞缪尔·约翰逊（Samuel Johnson）的说法——“第一和最后的激情”。好奇，就是在遇到新奇之物，看到反常规的做法或者不能立即解释得通的事情时，会发问、会寻找，而不管最终被我们找出的答案是否更有益于我们自身。当你告诉某人绝对不要去做某事时，转眼之间也便制造了诱惑：想想夏娃为什么会偷食禁果，潘朵拉为何悄悄打开了魔盒，当然还有九条命的猫最后又是被什么害死的吧。如果你在餐厅吃饭时，坐的位子正好可以听见临桌的一对人儿在兴致勃勃地窃窃私语，压低声音谈论着一些秘事，听不大清，也许是昨晚的一场艳事，这时你会发现自己几乎都要把耳朵竖起来了，恨不能将谈话里面提到的任何一点刺激性的细节都尽收耳中，最后干脆连同伴的话也忘记接茬了。

好奇心，或者说求知欲，不仅是iPhone市场策略成功背后的秘密，也是优雅和所有那些“缺失”魅力背后的秘密。不过我们不需要哲学家郑重其事地告诉我们人天生都有好奇心，因为这是我们都知道的，我们不知道的，是为什么会这样。

1890年，威廉·詹姆斯（William James）在其经典著作《心理学原理》（*The Principles of Psychology*）中，为我们详细介绍了如何区分两种不同的好奇心理。第一类是一种原始本能的情绪反应，每当个体遇到新奇、区别于往常的罕见经验，或处在新的外界条件下时，所产生的注意、发现和探索的心理倾向。大部分的高等动物在面对不同寻常或出乎意料的事物或情境时，都会有探索的行为表现。狗在初次见面时会闻对方气味，这不是因为它们喜欢对方的气味，而是试图通过这样的方式来判断对方的性别、状态，甚至是否与自己合得来，它们是在建立对方的信息档案。第二类好奇心理，即“科学的好奇心”（或对抽象事物的好奇），詹姆斯认为这种好奇心是冷静的头脑“对某种不一致或者对自身知识差距的反应，比如人经过训练形成了音律感，当听到不和谐的节奏时就会有不适的反应”。过去的一个世纪里，几乎所有从心理学角度探讨好奇心的理论观点都是建立在威廉·詹姆斯最初的这些研究发现上的。

20 世纪 50 年代后期，加拿大多伦多大学的心理学专家丹尼尔·伯莱因（Daniel Berlyne）扩展了詹姆斯的研究，从一种自主程度更高的新维度来看待好奇心驱动的探索行为，将好奇心区分为两大类：状态好奇心和特质好奇心。状态好奇心表现的是短暂的、变化不定的动机性质；特质好奇心表现的则是稳定的、持久的人格特征。前者是人在外部环境呈现出不熟悉的、不确定的、有挑战性的特点时产生的积极的适应性响应；后者则是人试图搞清世界究竟是怎么一回事时的自然倾向性反应。伯莱因确定了可以唤起好奇心的外界刺激的四个主要特征：复杂性、新奇性、不确定性和冲突性（即与预期的不一致）。他还发现存在一个最佳刺激水平：如果刺激水平过低，便没有足够的驱动力来引发探索行为；反之，如果刺激水平过高，则会导致焦虑和回避行为。也就是说，如果欲唤起我们的好奇心，某物须准确无误地触碰到上述四类（复杂性、新奇性、不确定性和冲突性）里面一个或多个“甜蜜点”（sweet spot）。

已故音乐家伦纳德·迈耶（Leonard Meyer）在其 1956 年出版的著作《音乐的情感与意义》（Emotion and Meaning in Music）里总结过类似的观点。迈耶在书中展示了贝多芬如何创作出清晰的节奏与和声模式，但是继而又打破同音承续的规律，直到最后的终结式，全曲呈现出一种清晰的

"建构—承续—扰乱—重建"的旋律结构，以此来解释一首乐曲是如何通过制造张力以刺激心灵感知的。迈耶以贝多芬的《升c小调第十四号弦乐四重奏》为例，拓展分析了乐曲中共55小节的起承变化——不完全的变奏一个紧接着一个构成了乐曲的行进模式，不断推迟承续规律的建立，直至最后的尾奏——来证实自己的观点：所谓"调情"，也可能发生在作曲家与听众之间。迈耶认为，一首音乐作品是否能以自身的复杂程度来成功吸引听众是衡量一首音乐作品艺术价值最直接的标准。如果作品最终没能满足听众的预期就会令他们失望，如果听众每一点期待都被满足了，他们也一样会失望。迈耶总结道："一旦个体的期望没有实现，或者拿贝多芬的音乐来说，当听众听到了令人意外的不和谐音……此时个体的意志或许会允许越过评判，从一种整体感知的角度建立起一种信念，相信之后的发展或持续呈现的内容会拨开迷雾，赋予那些'扰乱'因素以意义。如果最终这种期望未能得到满足，个体意志就会对整个刺激信息产生排斥心理，负面印象由此形成。"

四十年后，行为经济学派创始人、卡内基·梅隆大学的乔治·罗文斯坦（George Loewenstein）教授重新解说了威廉·詹姆斯的好奇心理论观点，提出了一种全面的动态过程性的观点，命名为"信息差距论"。在全面分析了诸多心理学专家多年研究"好奇心驱使下的探索行为"积累下来的各种理论形态和流派之后，罗文斯坦最终认可并发展了威廉·詹姆斯提出的"知识差距"的说法——"一个人的所知是相对客观的，但是一个人的想知是非常主观的，一个人的想知可以看作是他的信息参照点"，当处于某一特殊情境时的信息参照点高于他当前的知识水平时，即个体意识到存在一道"信息缺口"，会导致痛苦，从而唤起好奇心。正是这种痛苦刺激我们去获取短缺的信息，填满缺口。"缺口"引发的痛苦的强烈程度取决于我们如何看待这段"差距"，这又全凭个人当前的知识积累和解决这种不确定性的能力来决定。

举例来说，我知道在这世界上有数之不尽的专家、能人，在许多问题上他们的知识才能远远在我之上，是我望尘莫及的。可我却并不会因为这道“缺口”而心生痛苦，原因就在于，我清楚自己无论如何也是追赶不上这些人的，横在我与他们之间的并不是什么小缺口，而是大沟壑，冀望于有朝一日望其项背对我来说太不“现实”。正因为人是如此“现实”的造物，所以只有当我发现在某个我特别感兴趣的领域，而且有那么一个我认识的人，碰巧就知道那么一些我所不知道的事这种情况发生了时，才会令我真正体会到那道“缺口”所带来的切肤之痛，尤其当我与此人是在一个重要的社交场合碰上了，扎在人堆里仰望别人高谈阔论，相形见绌的滋味一遍一遍淹上身来。此时，对“那么一些我所不知道的”，我才会被唤起强烈的好奇心，渴望弥补知识差距，甚至会将知识拓展得更深更广，如此下一次若再有机会一起同席饮宴谈天说地，我也好帮着那人尝尝身上裂开了一道“口子”的滋味。

罗文斯坦将上述例子称为好奇心的“情境决定”现象，这一结论有数层重要含义。其一，某一特定信息能在多大程度上激发我们的好奇心，取决于我们对它弥合某一特定时段敞在我们心口上的那道“缺口”能起到多大的帮助来进行判断。其二，当我们认为某一信息能够立即帮助我们脱离困境，而不是逐步地让我们去解决问题，我们便会对其表现出更强烈的好奇心。其三，好奇心的强度与个体的知识积累成正相关，也就是说，我们懂的越多,反而越想懂得更多。罗文斯坦通过几项重要研究证实了他的观点。

其中一项研究，是在电脑屏幕上将一张 45 个小方格组成的网格面呈现给研究对象，网格背后隐藏着一幅图画，鼠标点击小方格时就会显现出图画的一小部分来。罗文斯坦将实验材料分为两种，即用了两张不同的图画来做实验：一张是一群动物的图画，另一张是单个动物的图画。实验对象对实验内容是不知情的，不知道他们正被当作研究对象参与一项实验，他们被告知网格只是为帮助熟悉鼠标定点功能的一项屏幕测试练习，如要掌握窍门至少需点击五个小方格。

在这项实验里，罗文斯坦是通过计算超过基础点击数（五次点击）的点击数目来衡量好奇心的强度的。实验还设定了一个限制条件，即规定了信息获取的相应代价——在鼠标点击和图片呈现之间会有四秒钟的时间等待——由此，保证了实验对象的点击行为是真正出于对完整图画的好奇心。结果与预期一致，由于相对于动物群体，单只动物的形象更难进行判断，只是随便点几下显现出几小块图案，很难看出来这是个什么动物，结果被点开的方格数要远远高于以动物群体为隐藏图画的网格面。

另一项研究中，罗文斯坦会给研究对象看一些图片，一张一张地呈现，从 0 张到 3 张逐步增加，图片是不同男人或女人身体的某个局部，这些局部图片显示的可能是躯体、手或者足部。然后他问每一个参与实验的对象，说一说他们有多想看一看这个人的全身像，回答问题之后会奖励一些好处：拿到小于一美元的现金，或者以最后可以看见人物全身像作为奖励，二者择其一。结果表明，如果一个人看过的身体局部的图片越多，好奇心也就越强，越会表现出对图片中人的全貌感兴趣。

通过以上实验及其他实验，结合之前的研究成果，罗文斯坦推测，当一些特定的情境因素向个体发出了“信息缺口”存在的信号，便会自发唤起个体的好奇心：“提出一个问题也好，设置一道难题或谜局也好，都是让个体明确置身于一种信息缺失的情境之中，所以当然是最直接有效的好奇心的诱因。而当个体因为发生一系列事件，被唤起了期望，等待一个未知的结局，这种时候对于结局的好奇心已经遣也遣不走地在那里了。另外，结果或现象与预期不一致导致的冲突，通常都会引发对原因的探索，而这种探索行为背后的驱动力往往正是好奇心。信息占有的不平等也会唤起好奇心。”

不过，若要唤醒好奇心，这过程里还存在着一点极易被人忽略的阻挠障碍，其中的那点微妙也都是人性的体现。上面我们提到的理论其实有一个假设前提，即先假定因我们的“已知”和“想知”存在偏差而产生的“信息缺口”能够顺利为我们所捕捉。但若能被捕捉，则需要我们欣赏它，确认它的价值，不至于因过于不值一提或者过于高不可攀而致彼此“擦肩而过”。而且缺口背后指向的信息全貌也必须有其独一无二的特质，有其可供一探究竟的价值，如此最后水落石出的那一刻，才不至于叫人恍生受骗的感觉。罗文斯坦就曾说过：“当‘信息缺口’没有得到个体认可和欣赏，就像设下了一道真实的障碍，越不过这道障碍，就唤不起个体的好奇心。我们也有足够的理由相信，在我们与外界的交流沟通中，因为这道障碍的阻挠，生出了不少遗憾，也导致了一些努力付之东流。”

20 世纪 90 年代后期，在罗文斯坦的理论著作出版几年之后，这一前提摆在了营销学教授迪利普·索曼（Dilip Soman）和萨提亚·梅农（Satya Menon）面前，成为必须要设法越过的一道难题，因为他们当时正在寻求解决如何提升网络广告点击率这项课题。

当时，索曼和梅农关注的问题涉及商业运营上的两个关键难点：其一，新产品和新服务的广告推广商如何克服困难，并成功刺激消费者愿意去认识和了解那些对他们来说完全陌生的服务和完全不熟悉的产品性能；其二，网络广告商如何刺激在线购买者积极主动获取产品信息。俩人希望借由自己的研究证明可以通过特殊的设计来巧妙唤起消费者的好奇心，以此设计出一种行之有效的广告策略，达到让消费者主动搜索获取一件新商品信息的目的。他们后来的研究发现很有启发性。

1997 年，索曼和梅农展开了两轮围绕一种虚拟商品（数码照相机 Sony QV）的实验。（当时，市场对数码照相机这种商品还很陌生，而且当时的数码商品与今天同类商品的规格相比还有很大差距。）索曼和梅农为这款

Sony QV 数码相机制作了两套广告，各自针对这款相机的两个主要优点进行宣传推广：可拍摄生成数码相片，并能对照片进行电子操作；照片可通过电子邮件进行独特的在线联网传输。这两点优势作为唤起好奇心的诱因均被置于广告标题栏的显要位置。每套广告又分三种类型，相同的标题和相同的视觉处理效果，区别在于广告对商品信息的告知水平体现出了三种层次的“信息缺口”：窄、中等和宽。窄距的“信息缺口”广告会明确告知 Sony QV 是一款数码相机，且提供了很多产品性能优点的详细介绍；中距的“信息缺口”只有一条线索，Sony QV 是一款数码相机，不继续提供更多的细节信息；宽距“信息缺口”广告则除了 Sony QV 是索尼公司推出的一款新品之外，不包含上述的任何线索和信息。

第一轮测试，志愿者被随机分配观看六种版本且均以传统印刷媒介呈现的 Sony QV 广告。之后每人需完成一份为评估他们的好奇心强度而设计的调查问卷，包含四个问题项：你对这款产品有多好奇？你对进一步了解更多商品信息有多感兴趣？该商品的广告有多吸引你？你会去实体商店查问这款商品吗？

结果让人意外。中距“信息缺口”广告的受众对 Sony QV 的好奇心强度要明显高于窄距和宽距的广告受众，是二者的两倍，而不论广告推广宣传的是产品的哪一项优点。事实上，只有中距“信息缺口”的广告可以带给受众这是全新的一款产品的印象。

第二轮测试，实验设计基本保持不变，只是这一次索曼和梅农将广告直接投放到了网络上。而且，实验对象被随机分配观看的是两种版本的网络杂志。杂志包含八页内容，穿插四份广告，其中一份即是 Sony QV 产品的测试广告。第一个版本插入的 Sony QV 产品广告是从上述六种类型（2 种优点 ×3 种“信息缺口”）广告中随机择一；第二个版本的广告则直接提供了全面详尽的 Sony QV 产品信息。两版网络杂志上所有的插入广告都提供了相应的产品网站链接，可以转接到其他网站获取商品更详细的信息介绍。换言之，以第一个版本来说，由于广告提供的产品信息有限，如果感兴趣，则受众必须点击接入产品网站获取更多信息；而对于第二个版本来说，即使广告已经提供了全面详尽的商品介绍，不过受众依然可以点击链接对商品进行更多的考察。这两份杂志都提供了点击进入一份产品常见问题（FAQ）列表的链接,点击登陆到页面之后,页面显示“在建中”，不过受众会被提示提交一份观看 Sony QV 产品广告之后希望商家作出解答的咨询问题。

除了同第一轮实验一样拿到了四个问题项的调查问卷答案，索曼和梅农还收集了产品网站链接的点击数和网友提交的问题数量。通过评估实验收集到的多面向数据，他们最后发现信息饱和度与好奇心强度之间存在着一种相当有意思的倒 U 形关系。中距“信息缺口”较之其他两类，在引发探索行为上明显更见成效；另外，信息搜索和产品咨询占用的总时间有很显著地提升，这一点说明，好奇心一经唤醒所带来的最大改变，不仅仅体现在时间付出得更多了，而且关注质量也会有相应的提升。

索曼和梅农最后得出了这样的结论，也契合了罗文斯坦的观点，即若行之有效地唤起受众的好奇心，可以通过以下这三点来实现：其一，以主体知识经验为基准设定中距“信息缺口”来唤起好奇心；其二，填充缺口所需的信息量要不多不少、恰到好处，以确保主体能产生解决缺口的愿望；其三，留给主体一些时间，让他们去自主酝酿好奇心。

这是一种相当棒的“吸引”战术，人性里的那点微妙通过这种方式表现出来。不过如果你再细想，其实就是欲擒故纵。本章前面讨论过的一些例子都是佐证。尽管所有这些行为研究都是相当有价值和意义的，相信每一个有思想有想法的人都能从中汲取到一些特别的启示，不过就我自己而言，更让我感兴趣的问题还在后面。我的探索还不能在这里停下，上述实验中观测到的受众行为背后所支撑的生理机制又是什么？我想揭开隐藏在索曼和梅农的广告营销策略背后的真相。我拜访了这样一位可为我解疑答惑的人，大脑的神秘运作是他这一生都未偏移过的关注重心，此人就是加州大学洛杉矶分校神经科学研究所的杰弗里·施瓦茨（Jeffrey Schwartz）教授，曾与沙伦·贝格利（Sharon Begley）合著出版《重塑大脑》（*The Mind and the Brain*）一书，是当今世界上该领域的最高权威之一。

缺口的吸引力

如果将洛杉矶的圣莫尼卡大道看作一条起伏跌宕纵贯东西的曲线，杰弗里·施瓦茨教授的个人事务所，就位于这条曲线的峰点（毗邻圣莫尼卡城区），既远离加州大学洛杉矶校区，也不会令你嗅到临床科学研究的严谨气氛。施瓦茨教授第一眼给人这样一种印象，你会觉得此人头脑里必定每分钟都会有上百万个念头转过，而且他能用一种难以置信的热烈的交谈形式将很多念头条理清晰地讲给你听，简短的一段话里有大得惊人的信息量。他在自己的专业领域里是不多的几位中的一位做到了将脑科学研究同哲学甚至宗教融会贯通的人。关于他和他的研究，暂且按下不表，我将留在本书最后一章着重来为您展开介绍。此时，我最关心的问题还未解决，关于“缺口”——那些模糊元素，一个能创造出奇迹的奇思妙想中闪烁不定的“空”——为何能够形成吸引力？

求教于杰弗里·施瓦茨，他提供了这种思路：在认知过程中，人的大脑其实是一部具有图式营造、图式识别和图式锁定功能的机器。在我们毫不知情的情况下（多数也不受我们控制），大脑基本上可以像一台数字录像机一样工作，记录下我们一天里一点一滴的经验，将感官信息以电脉冲的形式传递给大脑皮层——即实现大脑更复杂功能的脑灰质区。杰弗里告诉我，新的经验就像数据一样会自动存储在我们的大脑里。这是一种不断添加、累积的过程，而且一般情况下大脑不会进行编辑工作。虽然电脉冲本身不过几毫秒的时间便消失了，不过在它们向神经细胞递送期间却可以激活一种归组机制，将新的信息与原有信息进行重组整合，就像对新数据进行过滤、筛选、整理从而结合已有数据形成一种整体性认识是一样的，结果就建立起了一系列独一无二的图式。①

不同图式一起协作从而组建起我们的记忆和知觉。这种形成图式的连接结构会在日后被不断强化，很快就稳固下来成为我们根深蒂固的心智模式——或思维定势（在这里并非贬义），构成了我们对世界的既有认知，包括心理暗示、偏见和认知范式。这些心智模式很大程度上有助于我们更迅速、更高效地了解和应对这个世界，通过对其与头脑里的既有稳固图式是否相一致抑或相背离作出评判，从而对新刺激进行筛选、编辑最终形成一种实用的知识。自然，事物均有双面，一条线为界，前后判若。之后我又多次拜访施瓦茨，从教授那里，我又更多地了解到，图式是如何对我们的思维模式造成顽固的负面影响的，这些内容都将留在最后一章为您作深入论述。

大脑的运作是神秘的，甚至神秘地决定了我们的快乐与忧愁。杰弗里·施瓦茨告诉我，情景喜剧会让我们觉得滑稽有趣，其实是我们头脑里的图式的作用，也正因为我们对图式的不知情、无意识，所以我们的开怀大笑才都是真情实意的。那些最好的喜剧作品和喜剧演员能激活我们身上被施瓦茨称作"公正的旁观者"的身份。"公正的旁观者"，是英国经济学家亚当·斯密首创的概念，他在1759年的论著《道德情操论》里引入了这个概念，斯密给出的定义是，人具有站在自身之外观看自己行动的能力，此时人即是作为一位"公正的旁观者"而存在。因为这些现代喜剧作品里面反应的是

① "图式"概念源自康德，在康德的认识学说中，图式属于先验范畴。后被瑞士心理学家皮亚杰发展，成为其认知发展理论的核心概念。在皮亚杰看来，在大脑适应环境的过程中，图式会不断变化、丰富和发展，是一种动态的可变的认知结构单元。

如今的人们都普遍共有的那部分行为图式和心智模式，所以当你被《宋飞正传》(*Seinfeld*)、《抑制热情》(*Curb Your Enthusiasm*)和《办公室风云》(*The Office*)这些喜剧片逗得捧腹不止时，那份没来由的快乐，其实是因为我们认出来角色滑稽的举止也是我们自己的行为图式，就好像我们站在自己身旁，看着自己取乐一样。

可是，这些与好奇心又有何关联？人的大脑，与自然界一样，不会放任一块“空地”干晾着而没有行动，定要滋生出生命来。所以当一种固有的图式被戏剧性地破坏了时，大脑也有其应变。当某种不同于以往的经验贸然进入，尤其是，某些熟悉的部分平白无故地缺失了、不见了，此时会有两件事发生。首先是吃惊、意外，突然抽离所致的不知所措。坐等《黑道家族》谜底揭晓的观众，当自己面前的电视机突然黑屏，毫无心理准备的他们第一反应只能是震动。我们大致都有这种常识，关于一部电视连续剧要如何收尾，才算是真正意义的大结局，才能让我们在心里从此打上一个句号，因为我们的思维必须指向一个明确的结论，否则便不能罢休。可是这种心智模式现在却被破坏了，面面相觑，终难相认。2007 年的 MacWorld 大会，台下听乔布斯讲演的观众第一次见识到 iPhone 时，他们也完全措手不及。一部手机，该是什么样子，不管智能与否，此刻所有固有的心智模式都被一一打翻。

两个例子里，像这种公然对图式的冒犯，一开始都不可避免招致了一些人的抵触情绪。不过，这之后不久，起初的讶异就会转为好奇心。在大脑内部，这就是伯莱因和罗文斯坦所说的“与预期的不一致（冲突性）”直接引发的结果——前文做过讨论，“与预期的不一致”是被伯莱因和罗文斯坦确定为可以有效唤起好奇心的重要“情境决定”因素之一。另外，这两个案例也都验证了索曼和梅农总结出的第一条广告策略所建议的：制造“信息缺口”。

之后大脑的第二步行动，试图串连起尚不能构成完整认识的零散碎片，寻求填补缺口，也即重构图式。这就解释了为何《黑道家族》最后一集播出之后，在现实中引发了那样一番轰动，以至有至少三种版本的大结局流传于观众之中；也解释了苹果在 iPhone 上市前采取的“不在场”市场策略（不作营销推广）何以反而拉动了消费。根据索曼和梅农的“吸引”策略第二条原则，不论是《黑道家族》的观众，还是 iPhone 手机的潜在消费群体，他们都是那些适度信息的受众，被恰如其分、适可而止的信息吊起了胃口，唤起了好奇心，于是也就有了之后的探索行为。

事实是，填充信息从而对所见所闻尽力形成一个完整性认识是我们与生俱来的本能。20 世纪之初，格式塔理论流派正如火如荼地侵占旧有的心理学理论疆域，该流派在自己的理论结构中就着重定义了这种知觉形态。1890 年，奥地利心理学家艾伦费尔斯（Christian von Ehrenfels）发表了《论格式塔特性》（*On Gestalt Qualities*）一文，首次提出了“格式塔”（“Gestalt”系德文音译词，一般作“完形”解）这一概念，威廉·詹姆斯的经典论著《心理学原理》（*The Principles of Psychology*）也于这一年出版问世。格式塔流派的基本观点，主要涉及个体如何倾向于将相关的不同部分视为一个有机统一的整体，而非各部分的简单相加或感觉元素的简单复合。“闭合法则”是格式塔学说提出的一条基本知觉法则。请注意看图 3—1 给出的线条组合。对大部分人来说，他们看到的是三种在几何学里拥有独立意义的完整形体：圆，正方形和等边三角。

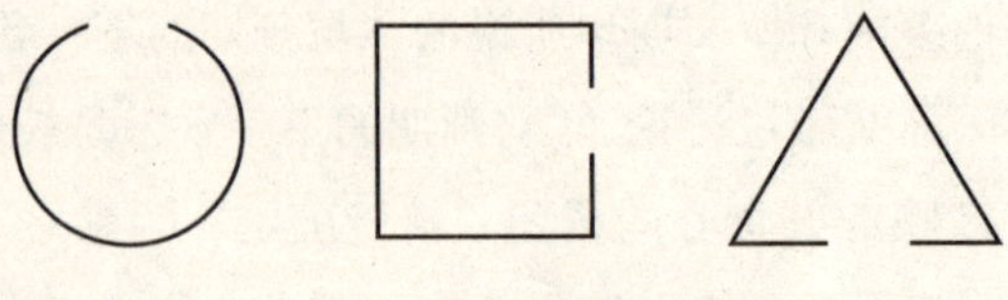

图 3—1　闭合法则

但是请注意，图 3—1 呈现的其实仅仅只是一些不完整的线条，没有圆，没有方形，也没有三角。

Ths cn b hrd fr ppl to cmprhnd; howvr, mst ppl cn ndrstntd ths sntnc wth lttl prblm.（这句话可能理解起来会有些困难；虽然不会很快读出来，但大多数人要看懂这句话都不成问题。）大脑实际为我们做了大量的填缺补漏工作。不过，对这种现象还没有特定的术语作定义描述，只是被简单地称作“填补”。不过这么说又很形象，对大脑来说，其实就像在勤勤恳恳做着一道道“填空”题。神经认知科学家们都爱以下面这个“盲点演示”为例来说明大脑具有这种补偿机制（我们的眼睛视网膜上无感光细胞的部位，在医学中称作“盲点”）。若要了解大脑的补缺手艺到底有多精妙，下面这个小实验都道尽了。

首先将脸尽量贴近图 3—2，视线与图形保持平行，用手遮住你的右眼，并用你的左眼注视 X 处。持续注视 X 处并尽量慢慢后移，你会发现 O 消失了，不过你不会看到一个洞，而只会在 O 消失的地方看到和其他地方一样的灰色背景，这就是大脑的补偿机制所产生的效果。这种盲点效应适用于两只眼睛，若要 X 消失，用手遮住你的左眼，重复上述步骤即可。

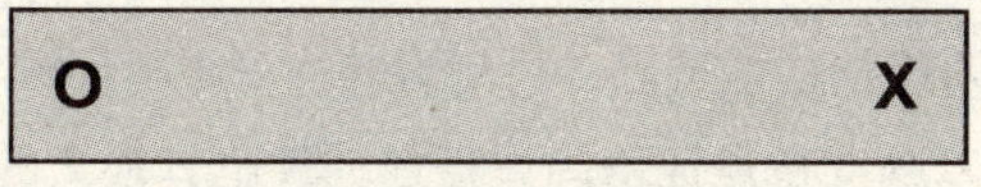

图 3—2　盲点演示图

那么，究竟是怎么回事，来看看这背后的“神秘”运作吧。其实当 O 消失那一刻，图像正好落在了视网膜上无感光细胞的部位，此处呈白色的圆形隆起，称为视神经盘（又称视神经乳头）。盲点是视神经纤维进出的地方，这个地方没有视觉细胞，人眼的视神经都是经此点汇集后穿过视网膜连接入大脑的。这时候，大脑通过一种叫做“表面插值”的算法过程，利用从周围环境获取的信息填充到落入盲点无法生成图像的区域，以上面的例子来说，所以你在 O 消失的地方并不会看见一个黑洞，而是与近旁一样的灰色背景。

神经学家们认为，这种本领是人类在与复杂的生存环境漫长的抗争和适应过程中作为一种生存机制被稳固下来的：我们的祖先，早期的人类的视觉系统正因为利用了表面插值填补出连续呈现的表面和轮廓，从而能够“看见”掩蔽在树丛、拂草后面正在猎食猛兽的完整形象，及时避免了危险。如果有一天，你无意间撞见自己的老板正躲在百叶窗后面偷偷监视你，不过幸好百叶窗后面的人还不至于像一块切片面包似的——你看到的还是一个算得上是“完整”的老板，虽然吃惊，但不至于会让你忽然一转脸瞧见那一幕时被吓出病来。当还在维多利亚时代，那时的物理学家戴维·布鲁斯特爵士（David Brewster）为解释这种神奇的补偿机制提出了神创论，认为人眼如此精妙的结构只能是由他口中的“造物设计师”——上帝一手创造的。

有意思的是，盲点也可以很大，几乎可以有夜空中那轮满月的十倍大小。如果上面的盲点试验已经让你厌倦了，那就再来尝试做这一个。上面的实验需要你快速做出反应，这个实验的时间你可以自由来控制。闭起你的一只眼睛或者拿东西遮挡住也可以，再用另外一只眼睛环顾你房间里的摆设。不用多久你就可以瞄准盲点让房间里任何一件不算很大的小摆设消失不见了。若不是进行实验，而是在现实情境里某客体在你的视线里消失了，发生这种情形的前提是你必须正专注于该客体近旁的某物，此物能够高度刺激并吸引你的注意力，尤其是出于警惕而高度专注时。不过也有例外，英国国王查理二世就经常用这个法子自娱自乐，在被判斩首的囚犯就要实际行刑之前将自己眼睛的盲点瞄准囚犯的头，先行“砍”了那人的脑袋。之前我们说过这样一个例子，在某个社交晚宴上巧遇那么一位“无所不知先生”的演讲秀，可厌又无处可躲，也许那种时候这法子还真可能派得上用场，当然这只是个玩笑。

你的大脑还会联合你的眼睛以其他方式来欺骗你。竖起三根手指贴近自己的脸，并尽量将手指张开。让眼睛保持失焦状态，然后缓慢将手从面前移开。当面前的三指变成了四指，就可以停下了。这一次，你的大脑可是确定无疑从“填充”直接晋级为“伪造”了。不过，你还是可以争辩说我在上面几个例子都严格规定了你要这样做不能那样做，说不定就在某个环节玩了障眼法了。那么不如先看图 3—3 吧，这回无需任何步骤辅助，你只消去看上一眼即可。在白线交叉缝隙里是不是看见了小圆点呢？其实那里什么也没有，而是你大脑的补偿机制“填充”进去的。

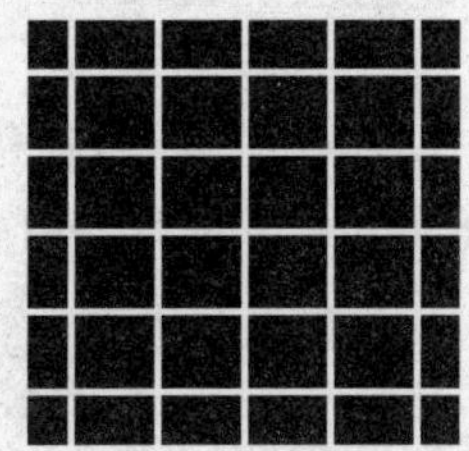

图 3—3　若隐若现的圆点

事实上，几项研究实验已经证实，不只眼睛存在盲点，你的耳朵也一样有盲点，当你了解了这一点，尤吉·贝拉（Yogi Berra）式的“装傻充愣”就可以被原谅了。1970 年的《科学美国人》杂志上刊载了威斯康星大学心理学家理查德·沃伦（Richard Warren）的一篇论文，文中详述了这一研究发现，当受试对象听见部分音节被剔除或空缺位置由诸如一声咳嗽这样的干扰声来代替呈现的句子，结果证实他们听到的仍然是完整的句子。举例来说，当一个单词只保留末尾音节 [eel]，而前面音节由一声咳嗽来遮掩，比如呈现给受试听众的是“It was found that the [干扰声]eel was on the axle”（人们发现____在轴上）。

沃伦发现，当句中充当状语的介宾短语中心词是“axle”（轴）时，受干扰单词就会被听成“wheel”（车轮），即“人们发现‘车轮’在‘轴’上”；

当把“axle”替换为“table”（桌子）时，则受干扰单词就会被相应听成“meal”（肉），即人们“发现‘肉’在‘桌子’上”；同理，当替换成“orange”（橘子）时，结果他们听到了“peel”（果皮），即“‘皮’被发现还在‘橘子’上”（橘子还没剥皮）。十年之后，日本心理学家佐佐木隆行（Takayuki Sasaki）进一步证实，如果听众听见的是一首他们耳熟能详的旋律，但其中删除了几个音符而代之以高鸣音，结果会发生同样的听觉补偿机制。长久以来，作曲家们都会善加利用这种听觉盲点，尤其我们听到古典吉他可以弹出一些连续音，其实并非真的连续，比如三连音之间会插入一个低音，但是由于听觉补偿的缘故，听上去却是连在一起的。

这里最关键的一点，杰弗里·施瓦茨教授解释过的图式营造理论在很大程度上调动了大脑本身的能动创造性——另外，须提醒你注意的是，这个过程不受人意识的控制，大脑完全凭借自己进行这种创作，而且这种创作是一种纯粹的“凭空捏造”。图式的作用就在于为这种“创作”提供强有力的语境，结果便有了种种“意义”和“感觉”，也正是这世上大多数人终日寻寻觅觅用来喂哺心灵的那些内容。之前展开“对称”那一章节时曾讨论过的“当‘空缺’遇到对称”，其实也有赖于图式营造出的语境才获得了解决；当面对“信息缺口”时，我们的想象力能在多大程度上全力以赴都取决于这种图式的作用。现在，还有最后两条法则，让我们继续来看实际隐藏在索曼和梅农广告营销策略后面的真相。

信息缺口与不知情效应

前面介绍过，索曼和梅农经论证发现，好奇心引触点与“信息缺口”的宽度存在直接的关系。他们总结的“吸引策略”的第二条，即填充缺口所需的信息量须不多不少且形式适当，以确保主体能产生解决缺口的愿望。不过要准确把握其中的那点微妙，恐怕要仰赖于艺术的感觉多于技术的控制。那些造诣不凡的艺术家们，不论是创造了明暗渐进画法的达·芬奇，还是将“non-finito”艺术观点融入作品的米开朗基罗和塞尚，都凭借各自完美的艺术直觉找到了最恰到好处的平衡点，至于为何会这样，也许就因为他们是炉火纯青的艺术大师，而艺术原本就是制造诱惑的始祖。

来看图 3—4。当你的眼睛从最左图移向最右图时，注意你的关注重心和兴趣点随着色块区域大小变化而发生的转变。对于最左图来说，你的关注点会更多集中在黑色小方块上。中间图对我们来说，最具吸引力和美感，因为色块分布均匀，左右对称，我们也便在其中享受到了去焦躁的平衡美。而最右边的图，基本等同于最左图，只不过因为色块转换，这一次是白少黑多,所以现在我们便透过眼睛强烈意识到有一块亟须填充的空白。据此例，我们可以得出一个如何准确把握好奇心引触点的启示：**一般情况下，我们总是会忽略无视已经“在”那里的大部分信息，而反将更多将注意力投向那“不在”的极少部分。**

图 3—4　关注重心

我们还记得索曼和梅农在实验中发现的信息饱和度与好奇心强度之间存在着的一种相当有意思的倒 U 形关系。于是，为唤起受众强烈的好奇心，你会尽量尝试去接近这条倒 U 形曲线的顶峰，也就意味着要避免提供过少或过多的信息。不过，若要准确把握这个“不多不少”的度，却并不是一件易事。通常，人们总是会提供过量的信息，这是我们犯下的最多的错误。有这样一个实例可说明问题，美国爱荷华大学在 2008 年开展了一项研究，结果他们发现当消费者对一件商品了解得越多，感兴趣程度也会随之下降。其中有一项测试，是让受试对象自主选择观看的视频：他们先被告知，其中一部影片好评如潮，而其他影片收获的则都是毁誉参半的评价。选择观看影评褒贬不一影片的受试者表示很期待影片的呈现，而选择获得一致好评影片的受试者兴致就不及前者那么高了。第二项测试，让受试对象提供对一款洗手液的看法。第三项测试，让他们说说对一个牌子的巧克力的评价。这后两项测试，受试对象均会被分成两组，一组掌握了大量商品信息，而提供给另一组的商品信息则要少得多。结果，这两次测试都证实，掌握大量详细信息的那一组对商品感兴趣的程度要远远低于只被告知少量商品信息的一组。开展这一组研究的学者将这种现象命名为“不知情效应”。

我想，说不定英国最知名糖果品牌吉百利（Cadbury）当初在 Dairy Milk 牌巧克力上市之前就做过类似的消费者兴趣点测试。2007 年 8 月，吉百利史威士公司（Cadbury Schweppes）的广告代理法隆全球公司（Fallon Worldwide）为吉百利 Dairy Milk 制作了一部 90 秒长度的商业宣传片《猩猩鼓手》。短片开始时，在一间录音室内，一只大猩猩，也可能是一个男人穿了一套足可够以假乱真的猩猩道具服，端坐在架子鼓前，背景音乐正在播放菲尔·科林斯（Phil Collins）的《今晚夜空中》。广告前面整整一分钟，我们只能看到大猩猩的面部特写占据了整个屏幕，看起来它正陶醉在科林斯的音乐里，同时像是在为自己接下来的演出酝酿情绪，一场已等了一辈子的演出。之后的 26 秒内，大猩猩突然抡起鼓锤激昂、投入地敲起了架子鼓，仿佛它将自己整个生命都寄于此了。整则广告只在短片结束前最后 4 秒出现了 Dairy Milk 巧克力的画面，和一句广告文案：来上一杯半，欢乐无极限（a glass and a half full of joy）。广告播出之后两个月内吉百利 Dairy Milk 的销售量就蹿升了 10%，不仅如此，以这一年 12 月为统计截止日期，短短几个月内这则《猩猩鼓手》广告在 YouTube 上的总浏览量就已超过了 700 万次。

最后，索曼和梅农“吸引”策略的第三条法则——给受众一些时间，让好奇心逐渐酝酿成形——好奇心并非一个扁平的概念，而是需要在时间纬度里被撑起；或者说，好奇心带来想象，而想象原本就是一个“填充”的过程。这大概算是最别有用心的一招了，不过也是最能够制造趣味和刺激的一环。这正是“数独”游戏流行的原因，也是从福尔摩斯侦探小说到如今流行的犯罪现场侦破类型电视剧之所以总能吸引到观众的原因。杰弗里·施瓦茨教授也明确说到了这一点，无论是追看一部侦探片，或是成功解出一道“数独”题，都是好奇心不断酝酿提升的体验，会激活大脑的“幸福中枢”。大脑成像技术（功能磁共振成像）结果显示高回报的外界刺激会激活这一区域，这种结构是新纹状体，与影响逻辑思考和意志行动力的额叶皮层相连，通过释放多巴胺来使人快乐，一种影响控制我们身体和心理健康、同时与成瘾行为也有很大关联的神经递质。换言之，“填充”过程带来一种沉坠的快感，传递出一种兴奋，影响你的情绪水平从而不断渴望采撷更多。说起来，这种快感的体现也许还有更直接和常见的例子，想想那些出入购物中心、大包小包满载而归的人们吧——或许，对我们人类而言，填充，原本就意味着快感。

既然要留出空间，就有了留出多大空间的疑问，也即时限问题，这是这条法则中最有意思的部分，套用一句耳熟能详的俗语：“时间就是一切！”尽管因问题情境不同，时限长短也会有天渊之别，不过事实证明无论大卫·切斯还是斯蒂夫·乔布斯，两人都是这方面的行家里手。切斯在由他亲手操刀的《黑道家族》大结局播出之后才适时公开发表声明：“所有指向谜底的线索都在最后一集里，要说的都已经说尽了，答案你们自己找吧。”从1月9日MacWorld大会的新品发布直到6月29日iPhone正式上市出售，乔布斯留给消费者的是6个月的时间。

不过，当时限问题遇到了人的主观情绪，此时大脑依然还会自行其道，以至人自己的意识反而甘居其下，所以条件只要成熟，成功唤起的好奇心往往会压倒人预设的悔恨心理。举例来说，上次帮一位朋友搬家，结果回来后你的背因此疼了三个星期，所以你发誓无论谁再找你去帮忙都一概回绝。这时候你最好的朋友打电话过来了，告诉你他们夫妻俩刚刚在一块好地段买下一栋价廉物美的房子，让你一定要去亲眼看看，还有他们现在住的房子契约还有两个星期就到期啦……当然，你也知道，朋友是拐着弯儿希望你能过去帮忙搬运家具，那么你是去还是不去呢？然后你已经听见自己跟人说："一定，我会过去的，已经等不及要参观啦。"挂上电话，就这么又一次跟人说定了，尽管你有过上次的"惨痛"教训，尽管你明知自己的背怕是又要疼上几个星期了，那你为什么还会答应？原因就在这里，朋友给出的时限。你的大脑补偿机制做出了反应，两周时间，不长不短，对于酝酿好奇心来说是绝佳的时限。

假如你的朋友今天就请你过去帮忙，你很可能根本不会犹豫，直接就给拒绝了，毕竟之前为人搬家出力的"痛苦"经历还记忆犹新，就算八抬大轿来抬你，你也是不会干啦；又或者朋友请你三个月之后过去帮忙搬家，这样一来时限又过于长了，这时可能你就会心不在焉地拿一句"那到时候再给我打电话吧"给搪塞过去了。但是好友说的却是两周之后，不多不少、刚刚好的时间，时间距离扯开了诱惑缺口——有机会可以参观一栋好地段好价钱的好房子，为什么不干呢？——好奇心压倒了悔恨心理。

2005 年，荷兰的两位心理学家范迪克（Eric van Dijk）和齐林柏格（Marcel Zeelenberg）又继续往前走了一步，将好奇心和悔恨心理放置在不稳定的情境内进行讨论。两人想探讨这样一个有趣的问题：当你为了害怕后悔而作出了一种决定，同时意味着永远掐断了好奇心的满足，那么又将会发生什么呢？范迪克和齐林柏格的实验设计直指"信息缺口"理论可能存在的严重错误。不过，结果却是他们的实验反而为"信息缺口"理论的可靠性增添了一块基石。

受试对象在完成一份调查问卷之后，被告知可以从两种奖励中择其一，获得 15 欧元的现金奖励或者选择一个并不大的密封包裹。换言之，你不知道包裹里有什么，你的好奇心是没有保障的，不过如果为了不使自己后悔而选择更直接的现金奖励，那么“包裹里究竟有什么”，也就永远是一个疑问了。如此设计，就让悔恨心理同没有保障的好奇心形成了对抗。不过，当受试者获得提示，包裹内的东西是圆形的，结果选择包裹的人数是选择十五欧元现金奖励的整整两倍。好奇心战胜了悔恨心理。悔恨心理同无保障的好奇心之间充满张力的矛盾对峙，正是娱乐节目“让我们成交”之所以在观众中反应那么热烈的原因了。不过，既然说到了这个点，就要继续一问，如果好奇心永远得不到满足，成为真正无保障的好奇，又会是什么后果？

英菲尼迪作为日产汽车公司旗下的豪华车品牌诞生于 1989 年，当年经过数年研发出品的新车首次面世，日产公司为此开展的广告营销可以作为一则鲜明的例子告诫我们，如果索曼和梅农广告“吸引”三法则仅执行了前面两条，将会有什么结果。

为向消费者推广这一全新的豪华车品牌，英菲尼迪当时不惜重资投放了一系列传统平面广告和商业宣传片。不过，这些广告宣传都有一个共同点，那就是永远不会有汽车的样子出现，包括汽车性能和图片信息，全部都没有。不在广告里展示汽车的样子，本意是好的，意在引起好奇心，希望能将消费者吸引到汽车展厅。宣传的汽车广告片里不出现汽车，代之只有大自然静谧宁肃的美景— 一颗石子跌进水里，或者一棵孤立的树被晨雾缠绕，种种意象旨在传达驾驶英菲尼迪车收获到的将是人与车、车与道路、道路与自然浑然一体、交织相融的真正奢华体验。初期投入的广告实际上确实唤起了公众对于新车外观的好奇心和探索欲望。不过第二阶段的广告却还在继续这种神秘，公众悬而未决的好奇心就一直这样吊着。终于几个月后，汽车经销商和消费者的耐性被磨光了，公众的态度急转直下，从好奇于“这款汽车究竟是个什么样子呢”，很快演变为了“谁稀罕那是个什么汽车呀！”这一系列后来被称作《树与石》的广告宣传片最终以失败告终，连累英菲尼迪也干脆成了个笑话。杰·雷诺（Jay Leno）在自己的脱口秀节目里就曾如此打趣：“英菲尼迪的展厅空空荡荡，但据我所知，石头和树枝现在可已经卖疯啦！”

最后我还要讲一个故事，关于之前说到的“non-finito”哲学。现实中就有将这种哲学应用得风生水起的例子，而且给人带来快乐。我下面这一则小故事，便是要向您“现身说法”了。

优雅的魅力源自“无”

这是一个事实，《纽约客》杂志上登载的漫画一直是最有趣的。很多忠实读者，也包括我自己，都愿意承认，每一期新鲜出炉的杂志刚拿到手上时，总是迫不及待翻开所有漫画先一口气看完了。从排版也看得出杂志对漫画的重视，一幅漫画占一个完整版面，有时候画里的那层幽默并不是能一语道尽的。我记得，《宋飞正传》里有一集就是在讲“漫画”，那集里伊莱恩闯进《纽约客》办公楼，要求编辑为她解释一幅漫画究竟在说什么，结果只得到了这样的答复：“漫画就是一团烟雾，没有人会去把烟雾抓来切开看看的。”

2005年4月25日，《纽约客》的漫画编辑罗伯特·曼考夫（Robert Mankoff）在这一天正式宣布自1998年开始一年一次的漫画标题大赛将改为每周举办一次。

“纽约客”漫画标题大赛的概念很简单：邀请一位漫画家先画一幅完整的漫画出来，作为赛题刊在杂志上，参赛者要做的，就是为漫画补上标题，标题字数限定在二十五个字以内。多年积累下来，这项赛事已经深入美国普通大众的生活里，成为大众文化的一部分，以至于有学者还针对这一竞赛开展了不少学术研究。2006年在密歇根大学有一项针对竞赛胜出者解题过程的研究，结果发现绝大多数人的答案都是无意间偶拾的灵感。这就引出了第二个研究：让受试对象当场为一张漫画补上一个标题。实验设计的目的是为了回答这样一个疑问，当“幽默”让人陷入焦虑，此时幽默又将意味着什么？可惜的是，在我写作本书时，这项研究的结论还没做出来。不过，按经验来说，这种情境往往导致升级的攻击行为。

在曼考夫宣布将漫画标题竞赛改为每周一次之后，他在一次采访中被问到决定举办这种赛事最初的用意是什么时，他是这么来回答的：“我们做这种尝试，最主要的原因，就是要为读者创造一种不太寻常的挑战，然后等着看看会发生什么，结果会不会很有趣。换句话来说，当一幅画里有一些解释不通的东西，这时候就需要一个标题来解释或者提示一下，我们想知道的是，读者面对这种情形，会被激发出什么样的创作表现。”

“纽约客”漫画标题竞赛是你能找到的现代版本中最引人瞩目的“non-finito”艺术体现形式。那么它的吸引力呢？据曼考夫透露，他们每周都会收到6 000到12 000份的参赛作品。竞赛的具体流程如下：每周一一则新赛题会准时出现在《纽约客》杂志封底，周日晚12点停止接收参赛作品。所以，你有一周时间用来答题，这期间你可以登陆纽约客网站递交你的答案。作品接收截止时间一到，立即转入评选工作，由漫画编辑从参赛作品中评选出优秀者，并决定最后入围的三个名额，隔一周会公布在杂志上，然后由广大读者再从三个作品中投票选出最终的优胜者。从“标题的空缺”到“一幅漫画作品可以提供的线索”，再到为期两周的延后公布，每一点都是对索曼和梅农“吸引”策略的完美贯彻。

图 3—5 是漫画家杰克·齐格勒（Jack Ziegler）的作品，画的是一对身穿防毒服的夫妇，这也是一次漫画标题大赛的赛题。2008 年 2 月 24 日，我将自己为下面这幅漫画拟定的主题，递交给了标题竞赛评委组。

“下次，我们也跟别人一样去打流感疫苗吧！”

图 3—5　齐格勒漫画

（原载于《纽约客》，2008。漫画作者：杰克·齐格勒。题图：马修·梅）

这其实已经是我在三年时间里的第三次尝试了。不同的是，之前两次都是一时兴起凑个热闹，自己没真正当成一回事，也没把结果放在心上，自然也没花多少心思在上面。这一次，却是目的明确的。对我来说，这是一次真正参与“non-finito”创作互动的真实体验，我希望能够全力以赴。面对这一问题情境，我的解题过程运用了一些将在下面两章具体展开讨论的概念和规则。结果，2008 年 3 月 17 日，我赢得了比赛，成为最后的胜出者。加上标题的漫画登载在 3 月 24 日那期杂志，我也拿到了由自己题图并有齐格勒先生签名的完整漫画作品。最重要的是，我收获了一段小故事，可以在这里跟你说说。

正如在这一部分的讨论中我们所发现的，优雅的魅力，源自“无”。不过，问题又不仅仅只是“无”那么简单。关键在于，你还需要知道应该让哪一部分空出来。

04

精减

“一”减去“二”等于“三”

IN PURSUIT OF ELEGANCE

《大卫》，这一诞生自大师手中的青年男子雕像，被公认为是世界上最完美的男人形象。当被问及这尊大理石雕像的创作过程，米开朗基罗说："我从石头里看到了大卫。之后我只是将不属于他的部分从视线里一块一块剥离掉罢了。"当《小王子》的作者飞行员圣埃克苏佩里道出下面这一段心得时，应该是对米开朗基罗的话有很深的体悟吧："完美不是添无可添，而是再没有可以拿走的了。"小说家伊塔洛·卡尔维诺（Italo Calvino）也曾明白告诉世人："我写作小说的方法往往跟减负有关。尤其，我会减去故事叙述架构上的赘肉，并保持语言的简洁。"

无论对称的实现，还是诱惑力的塑造，都离不开精减，"精减"是成就优雅最基础的一条法则，是"对称"和"诱惑"所倚仗的法上法。不过，正如前文已经探讨过，我们生来都是添填之道的依附者，如果这是人性，"优雅"的立足点又是什么，还是我们原本并不了解什么是真的"人性"，反而需要去不断地重新发现？对我们自己来说，究竟应该如何来调和这种两相矛盾？又要如何找到最有效的方式同优雅的敌人——并非复杂，而是过度、过量相抗衡？

In-N-Out秘密菜单

In-N-Out 汉堡，虽然店名是“进进出出”（In-N-Out），但是跟那些买了就吃、吃了就走只为填饱肚子的快餐店不大一样。店内的队伍总是排得很长，不过绝对值得等上一等。In-N-Out 同苹果公司和星巴克一样，拥有自己的一大批铁杆粉丝，虽然是美国加州南部的一家地方性连锁快餐店，不过这家店的名气已经跨越过了西海岸。对很多旅游观光客来说，去他们家放纵一回，点上一份“二乘二”加大汉堡——把两块 100% 纯牛肉饼，两片没有任何添加剂的正宗美国乳酪，手撕的生菜叶子，特色酱料，番茄片以及洋葱（顾客自己可以选择放或不放），全部夹在当天烘焙的圆面包里，成为必做的事项，否则没吃过他们家的大汉堡就好像没去过加州一样。过去几年，这家快餐企业将分店从南加州开到了附近的内华达州和亚利桑那州，当亚利桑那州的斯科茨代尔分店开张时，人多到得排上四个小时的队伍，甚至那些对快餐食品避之不及的人们也对 In-N-Out 汉堡青睐有加。事实是，埃里克·施劳斯（Eric Schlosser）在自己那本抨击快餐行业的畅销书《快餐国家》（*Fast Food Nation*）里，曾意外地独对两家快餐企业表示过敬意，其中一家便是 In-N-Out。

In-N-Out 汉堡是由哈里·斯奈德（Harry Snyder）和埃丝特·斯奈德（Esther Snyder）夫妇在 1948 年创建的，首家店开在洛杉矶郊区的鲍德温公园（Baldwin Park）。哈里是第一家“得来速”（Drive-through）汉堡店的创办人，顾客可以坐在车里通过麦克风直接点餐，店内有方便店员听取点餐的扬声器，顾客再直接把车开到取餐窗口，全程免下车。在那个时代，路边餐馆经常能看到有些人不愿意下车直接点餐，通过服务员往来递送，所以后来哈里就发明了这种可以直接提供“免下车”服务的快餐店。

这家快餐企业自开办以来一直都由家族经营，而且坚持不上市，不搞特许经营，低调到历届公司总裁几乎从不与媒体打交道。不过创办这家企业的哈里、埃丝特如今都已不在，先后成为企业掌门人的两个儿子理查德（Richard）和盖伊（Guy）也都因意外过早离世，现在掌管公司的是施耐德夫妇唯一的孙女、盖伊身后唯一的女儿林西（Lynsi）。施耐德夫妇对于经营公司始终坚持一套自己的经营理念，后来由理查德和盖伊成立了In-N-Out大学，专门对新进的管理人员进行培训，保证了公司上下严格贯彻这一理念，那就是给消费者提供最新鲜、质量最高而且他们负担得起的食物，同时还给他们提供最干净、最友好的服务。In-N-Out以高保障的质量、新鲜程度和极其简单的食物品种而为人称道。顾客甚至可以看到土豆是如何当场经过手工削皮、切条，直到用最新鲜的油料炸制成品的，冰激凌则是用真正不掺水的纯奶制品精心加工而成的，没有其他快餐店不可缺少的冷冻库，也不存在微波炉加热食物。至于他们所销售的食物品种，如汉堡、薯条和饮料，至今还和1948年第一家店开张的时候相差无几。不过最重要的还是In-N-Out懂得，“简单”才是成功的关键。

首先让我来说说菜单上都有什么，标列出来的所有食物只有这四种，汉堡、奶酪堡、“二乘二”加大堡（两片牛肉饼、两片奶酪）和炸薯条。除此之外，就是饮品，供应可口可乐系列以及三种口味的奶昔（巧克力、香草和草莓）。就是这么多了，或者还有别的？

In-N-Out之所以拥有一大批铁杆粉丝，那份“秘密菜单”其实功不可没。所谓“秘密菜单”，意思就是不会出现在菜牌上，若要点，你就得知道，只要你点，服务员也心领神会的菜单。最好玩的是，这份秘密菜单上的品种不仅远超过公开的菜单，而且可以任由顾客自由发挥，点出自己独一无二的那一份，不限于哪一家店，任何一家 In-N-Out 都能给你这种“心照不宣”的默契。他们这种方式不同于但远胜于星巴克提供一份包罗万象的菜单并允许顾客按照自己口味略作调整的做法。比如，当你走进星巴克，告诉店员你要一份“中杯、脱脂、四泵糖浆、不加奶泡、双重巧克力香味的热摩卡”，你拿到的收据也只会打上“中杯摩卡”的字样。不过当你走进任何一家 In-N-Out 汉堡店，点上一份“2×4”（两层牛肉饼，四片奶酪）或者“3×Meat”（3 层，全牛肉饼），或者一份“Flying Dutchman”（鬼船），都会依样被打印在你手里的那张收银条上。可是，你却决不可能在柜台上方的价目表上找到这些餐品，一点蛛丝马迹都不会有。

这份秘密菜单上大概有十几种“标准菜单”外的餐品。“2×4”汉堡是两层牛肉饼、四片奶酪。顾客可以指定一个汉堡中放入任意数量的肉饼与奶酪，即任由你完成这样一道填空题：__ 肉饼 ×__ 奶酪，就比如 3×3，4×4。事实上，就曾有顾客点过“20×20”的加大汉堡，维基百科上就有这张超大汉堡的留影。2004 年的万圣节，Zappos 公司总裁谢家华、博主“What Up Willy”在拉斯维加斯店创下了单只汉堡内放入 100 层牛肉饼和 100 片奶酪的点餐纪录，带领自己的六名员工在不到两个小时内消灭掉了这顿几乎有 20 000 卡路里的“超级美餐”。当然了,这只是一个“填充”的极端例子，还是不去效仿为妙。

“3×Meat”汉堡里是不放奶酪片的纯牛肉饼，当然你也可以点上一份“2×Meat”、“4×Meat”等等。“野兽派”汉堡则将牛肉跟黄芥末酱、酸黄瓜沫混在一起烤，外加烤洋葱末，再配上特色酱料。“蛋白质派”汉堡是特别针对那些顾及体形不愿过多摄取碳水化合物的顾客，以生菜代替面包的奶酪汉堡，不得不说，确实是非常贴心的安排，通常都是家里女人们的最爱。烤奶酪堡，是无肉奶酪汉堡，如果你不爱吃红肉，就很适合你了。还有素汉堡，实际上就是圆面包里夹上一大片煎洋葱、两片番茄、生菜，再配上酱料。“鬼船”堡没有圆面包，也没有用生菜或别的什么来代替，只是两片牛肉饼和两片奶酪。“额外土司”堡就是可以请店员将你点的那份汉堡外面的小圆面包烤得更焦脆一点。以上这些是汉堡系列。炸薯条也可以做成“野兽派”，就是加了奶酪、烤洋葱和特制沙拉酱；另外，还分了炸得很脆的薯条（全熟），和比一般薯条更生软一些的薯条（半熟）。奶昔除了菜单上的几种口味，还可以点上一份将两三种口味混合在一起的拿破仑奶昔。

In-N-Out从未更新菜单，把上面说到的这些照顾不同顾客需求的品类统统添加上去。换句话说，菜单上的“不完整”，制造了一种神秘气氛。顾客填写上自己的选择，店家帮忙实现。而这种不以包罗万象为标准来扩充菜单的做法，反而让In-N-Out避免了矫枉过正的弄巧成拙。类似的前车之鉴在电子消费领域已屡见不鲜，这是现代人都有的真实体会，当电子产品的功能日益翻新，我们却反而不知道该怎么用才好了——“功能过剩”反而会导致“功能疲劳”。

In-N-Out倒是很清楚，其实我们每个人都有想去填充什么的这种似乎与生俱来而且难以解释清楚的欲望，于是他们放手，放低姿态，不具体限定供应什么餐点，不规定顾客只能在这里买到什么，把一切最大程度地交到顾客手上，最大可能满足顾客个性化的特定需求。对于那份“秘密菜单”，他们也从不积极推广，甚至并不怎么放在心上。实际上，当你询问In-N-Out的高管们，他们对食客之间怎么会流传起一份“秘密菜单”，也跟别人一样百思不得其解。不过，他们却确实懂得所谓“量体裁衣”的无形价值。对于In-N-Out来说，原则只有这一条，就是：“尽量满足每一位顾客对汉堡的想象，不管顾客如何对汉堡‘指手画脚’，满足他们，帮助他们实现对汉堡的任何一种想象。”最重要的是，他们清楚，将一份菜单做得尽善尽美、包罗万象，无疑只能带来一个后果——将那一点微妙的互动空间破坏殆尽，

In-N-Out之所以受到食客们的追捧，恰恰离不开这一点自在。

不努力有时是最大的努力

竞技体育运动员需要通过一种渐进负重方式来锻炼和增强肌肉适能，即通常所说的渐进式阻力训练。实际训练过程要求肌肉应满足高于正常的体力要求，意思是说，日常锻炼时不断增加练习负荷来迫使肌肉出现超量补偿反应，此时肌肉纤维、肌耐力和体内蛋白质皆能有所成长。不过在不断增加负荷量的同时，为避免过度训练，也需要搭配适当的恢复休息时间。这里有一个临界点，一旦到达，无论如何延长训练时间和增加训练强度都不会再出现明显的进步。锻炼收不到显著效果，实际的运动成绩也会下降。对一名优秀的运动员来说，在这个临界点上会遭遇不能保持最佳成绩以及前后成绩表现悬殊的困境。

这种危机就曾应验在“自行车上的牛仔”、职业自行车赛手兰斯·阿姆斯特朗（Lance Armstrong）身上。随着2004年赛季的到来，已经连续五年五次获得环法自行车赛总冠军，平了当年西班牙车手米盖尔·安杜兰（Miguel Indurain）在1991年至1995年五连冠纪录的阿姆斯特朗，在2004年有机会创造历史，问鼎环法大赛六连冠。不过，阿姆斯特朗在2003年的环法大赛上已经赢得很吃力，最终将黄色领骑衫（maillot jaune，环法自行车赛总成绩领先选手获准穿上的标志性衣物，并获得下一赛段的领骑资格）穿到最后也只是比对手领先了一分钟。

进入2004年，他面临的是更大的挑战和压力。问题是，白天几乎所有时间都用来训练，成绩的提升却陷入了停滞状态，而且刚进入春天时他消耗了大量的体能来甩掉去年冬天增长的体重。兰斯也和其他职业自行车赛手一样，进入冬季便懈怠了下来，放任饮食的结果是体重的增加——对任何想骑车爬坡的人来说，多余的肥膘都是宿敌，而爬坡是整个赛程中非常关键的计时点。这就意味着这一年开头几个月都必须用来甩掉这些多余的肥肉，严格控制能量摄入，还要用一台电子秤称量自己吃下去的每一点食物。受困于节食计划，不仅让生活少了一部分重要的乐趣，也有损于必要的能量摄取，以致影响到每日长达六个小时的训练。

经历过 2003 年环法赛程的艰难夺冠，阿姆斯特朗其实已经认识到自己之前的训练方案不再适用了，不能再帮他应对现下的新形势。如今在这个领域里集聚了太多年轻有实力、渴望一鸣惊人的选手，竞争的激烈程度不同往常，而他正飞速逼近个人职业赛车生涯的辉煌顶峰之后难以跨越的低谷。这之前他已经是世人眼中的明星，也是讲述自己被确诊为睾丸癌扩散之后如何抗击死亡的畅销书作者，并因为这次战胜病魔的奇迹而迅速成为全球癌症患者眼中的抗癌斗士，兰斯用自己的经历为他们点亮了一盏希望灯塔。不过这一切都不会令他轻易放弃继续攀登生命高峰的挑战。他得到了长期盟友、前奥运教练克里斯·卡米高（Chris Carmichael）的协助，为他重新量身定做训练方案。兰斯清楚自己在做什么，他要尝试创造历史。而若要顺利达成目标，除非全面改进训练方法，否则在新赛季蝉联冠军犹如登天。

克里斯·卡米高自己也曾是一名精英车手，自行车赛事和环法大赛对于他来说并不陌生，他的两段人生都未曾离开过这些内容，同时他也是兰斯·阿姆斯特朗职业赛手生涯一路的见证人和亲密盟友。卡米高是前美国国家自行车队成员（1978—1984 年），参加过 1984 年奥运会，也是曾经进入环法大赛的第一支美国车队 7-11 车队的成员，并作为此车队的车手参加过 1986 年的环法大赛。同一年，环法大赛之后，卡米高却因股骨骨折让自己的职业赛手生涯从此受挫，之后虽然康复但不得不在 1989 年宣告退役，辞别了职业自行车赛场。不过这次伤后康复经历，却让他对运动绩效辅导产生了兴趣，这之后他开始了执教生涯，曾于1992年至1996年担任美国自行车队的教练，负责训练这支奥运自行车队。1990年，他第一次见到了日后屡创奇迹、缔造神话的自行车赛手兰斯·阿姆斯特朗，这之后兰斯在1992年进入国家队参加了巴塞罗那奥运会，1996年再次出现在了亚特兰大奥运会赛场上，期间他曾于1993年在世界级赛事上夺冠成为世界冠军，并在1995年的环法大赛上赢得了赛段冠军。

整个20世纪90年代中期，卡米高一直不断地在训练方法和技巧上改革创新、寻求突破。1993年，他开始研究选手骑行过程中动力输出最大化的方法，将功率表安装在公路自行车上，测量阿姆斯特朗每次踩蹬踏板的输出功率（单位为瓦特）。然后卡米高开始通过风洞实验搜集测量不同状况下的空气动力学效率，对自行车座垫进行调整以寻找出力量和速度之间的最佳平衡点，从而提升计时赛程的表现——计时赛是选手按照规定的间隔时间单独出发，以到达终点的成绩优劣排名，是赛手与时钟的单挑独斗。1996年6月的那一期《科学美国人》杂志封面上就是一个正进行风洞训练的自行车骑手，刊载在杂志上相关的论述文章来自另一位奥运教练杰·卡尼（Jay Kearney），文章对阿姆斯特朗在备战奥运期间运用的这种先进训练方法做了深入探讨。阿姆斯特朗会用上几个小时进行风洞实验，经历所有复杂状况，包括身体方位在运动气流中的任何一点细微变化，只为找出最精确完美的骑行姿势。在一场计时赛中，每一秒钟都不容小觑，十分之一秒也能决定最后拿到手的是金牌还是银牌。如果有一种方法哪怕能让你在每公里快上0.01秒，也会让你在一场四公里赛程的计时赛中赢得领先优势。骑行设备、运动服材质、蹬踩踏板的节奏，都进行了革新。

正是这段时期，卡米高逐渐形成了自己独步天下的卡米高训练法：“在最高级别的竞技运动场上，往往需要付出难以想象的巨大努力才可能换来1%的进步，这不是单独依靠改变训练方法或者增进营养结构就能保证的事，而是每分每秒的改造总和的结果。”前美国奥运自行车队的运动生理学专家埃德蒙·布尔克（Edmund Burke），已经写作出版过多部著作，其中一本就是关于卡米高，写到他时，书里有这样一段话：“克里斯的天才在于他善于从小处着手、并且懂得聚沙成塔的道理。实际上，小的进益才是我们能唯一真正抓住和实现的。”事实上，当竞技体育的成绩表现已经到达了峰值，甚至 0.5% 的进步也有至关重要的意义。就像米开朗基罗将大卫从大理石里一点一点地解放出来，只不过他们面对的是赛手、设备和材质，同样也要通过逐步确定地减去时间、减去重量，释放出速度和能量，从各个方面着手考量最终确保新纪录的创造。不过，卡米高和他的训练法很快遭遇了一次重大的考验。

在与克里斯交谈时，我从他的神态语气里可以感觉到那段经历是一次真正的转折点，人生从此被重塑，对他如此，对阿姆斯特朗也是如此。1996 年 10 月 2 日，兰斯被确诊为睾丸癌晚期。随后克里斯辞去奥运教练的职位，全程陪护在阿姆斯特朗身边，从艰苦渺茫的治疗一直到他病愈康复。艰难的治疗改变了阿姆斯特朗原来的体质状况，迫使克里斯不得不将自己的运动绩效辅导转入新的方向寻求突破，也彻底改变了他对于竞技训练的核心理念。当兰斯终于甩脱死神那一刻，正是克里斯告诉他，他能成为环法冠军。1997 年，当医生宣布兰斯终于击退病魔重获新生时，他们新的征程也开始了。

克里斯首先意识到的是，病愈后的阿姆斯特朗身体条件已经不同以往了，艰苦的治疗让他的体重掉了 9 公斤，而且因为接受化疗，他的肌肉组织遭到了破坏，身上的肌块明显少了。这就意味着他的身体产生动力的最有效方式已经不可能与之前一样了。但是，有一点是不会变的，那就是问鼎环法大赛的信念，为了将职业车手生涯继续下去，重登竞技赛场，他必须重新学习如何骑自行车。可是说起骑车，究竟能找出多少种不同的方式来？

我们都知道，功率与力和速度之间存在这样的关系：P=F×V，当输出功率一定时，力与速度成反比关系。卡米高将这个公式进行了拆解，放置在他所需要考量的现实情境里，再思考它可能带来的启示。F（力）涉及蹬踩踏板时的发力，而V（速度）涉及腿的运动或者蹬踏板的节奏。这是一道数学题，必须将所有变量放在一起综合考虑。鉴于兰斯新的身体状况以及他独特的身体条件，如何才能帮助他找到最有效的可以保证长时间不断产生动力的骑行方式呢？如果每小时骑行32千米需要输出功率200瓦特，那么有多少种方法？是否有一种方法可以做到以更少的力获取更大的功率？或许日本的合气道能带来一些启示。

如果是以低频率长间断踩蹬踏板，那么每一次的发力必然都要大，这就意味着增加了兰斯腿部肌肉的负担，会加速疲劳；反之，以高频率低间断踩蹬踏板，那么能节省下每一次的过度发力，但却会增加心脏负荷，同时增加耗氧量。不过考虑到兰斯自身的强项，这道选择题就不难做了。在不运动时，兰斯的心跳每分钟只有32次，足以让每一位医生惊讶之余都要再验上一次才肯相信这是一个健康人的心率；另外就是他突出的有氧运动能力，测量结果显示，他的最大摄氧量甚至远远高出了自行车竞技领域里那些最顶尖的赛手。考虑到兰斯强大的有氧运动能力，卡米高改换了之前针对爬坡赛程的训练方案——即普遍接受的以低频率踩蹬踏板的做功方式，每分钟保证70~75圈的频率，运动中向后坐，主要依靠腿部肌肉——为发力小的方式做功，将每分钟蹬踏频率提升到95~100圈，身体离开座垫向前，转移并减轻腿部负担。

经过几个月艰苦严格的锻炼和操练，阿姆斯特朗的神经肌肉系统才得到了全面彻底的重新设定。这对亲密战友将为兰斯设计的新方案严格加以演练，追求将功效发挥到最大，这个过程持续了几年时间才逐步达到完美境界。终于，2001年阿姆斯特朗第三次问鼎环法大赛时，在最令观众热血沸腾的两个高山赛段——阿尔卑斯山脉和比利牛斯山脉，甚至连最擅长爬坡、被界内赠以“爬坡王”美名的赛手都难追赶上他。劳伦特·鲁（Laurent Roux），高山赛段曾经的王者，与阿姆斯特朗的一场大战令他对那个不同寻常的日子刻骨铭心，事后他曾回忆说：“当他（兰斯）越过我时，我好像看见一辆摩托车从我身边飞了过去。那一幕真是太美了。”

骑车及修车资历均已超过五十年的专栏作家伦纳德·津恩（Lennard Zinn）在自行车杂志《*Velo News*》的技术专栏文章里写道：“每一圈蹬踏动作，他（阿姆斯特朗）的脚的动作都是那么优雅，从脚掌与地面平行变换到脚跟抬起脚尖向下，每分钟灵活地向后蹬踏 90 次，让你觉得是在观看一场动态艺术。”可是谁愿意承认这样一个事实，让兰斯·阿姆斯特朗最终优雅地赢得环法总冠军的秘密，其实再简单不过，只是蹬踏板的节奏比别人更快上一些罢了。

但是，等到了 2003 年，“秘密武器”就不再是秘密了，克里斯打造的这种新的方案已经成为选手的标准训练内容和被广泛应用的实战技能。兰斯的竞争优势被削弱了。阿姆斯特朗和卡米高，这对最佳拍档和亲密盟友又一次凝聚在一起，并肩合作，为了备战 2004 年的环法自行车大赛竭尽全力再寻突破。卡米高重新仔细研究了去年的训练方法之后，很快就让他找到了突破口，他发现原来的训练方法在精确度上做得还不够，导致了很难达到训练成效最大化。选手被严格要求必须要在座垫上待至少六个小时，但这样的训练量对产生预期效果所需的最佳训练强度来说，过度了，反而折损了运动成效。他认为，若能为每一次训练制定针对性更强的目标，则可以将六个小时的训练任务缩短为可能只需四个小时，而收到的效果是一样的。过多的训练时间没有多大益处，只会过度消耗体力结果反而需要更多时间来休息恢复——有时候，过分努力不一定就是好事。

其实，新训练方案的核心思想就是吉姆·柯林斯教授所推崇的“掣手哲学”。卡米高直接将重点放在了两个问题上：一是效率不够，二是不稳定的饮食结构和饮食控制。他将特别设计的功率表安装在了赛车上，以准确测量特定训练目标的耗能水平。兰斯的饮食也被重新安排以适应训练任务的需要，既为他提供维持健康和确保运动水平的必要养分，又不会因为吃下多余卡路里而致肥膘上身影响到运动成绩。新方案让兰斯有了更多时间进行运动后的恢复调整，如此形成良性循环，可以保证下一次较短时间内完成更高强度的训练任务。兰斯的精简备战方案也给了他更多时间去做些别的事，现在他可以更自由地安排跟媒体打交道的时间了，同时又不必牺牲自己紧锣密鼓的备战训练计划。

因为懂得“掣手”，赛车上的兰斯变得比之彰更加强悍——名副其实的“自行车上的牛仔”，带给他的提升是全面的，让他具备了更多优势最终帮助他成为引领这项堪称地球上挑战最高极限耐力赛事独一无二的佼佼者。荷兰马斯特里赫特大学的营养学家维姆·萨里斯（Wim H. M. Saris）曾对参加环法大赛的车手的耐力水平进行长线研究，结果让他发现，环法大赛“毋庸置疑是最挑战耐力的竞技比赛”。在沙瑞斯看来，历时三周的赛事，就等同于在 21 天里跑了 21 场马拉松，参加环法的每一位车手一天之内得消耗掉 7 000~10 000 卡路里。没有一项赛事可以如此迫近选手坚韧耐力的极限。

兰斯·阿姆斯特朗打造奇迹的步伐没有停顿，举世瞩目的环法赛场上，他从第一次、第二次问鼎冠军直到六连冠、七连冠，这项纪录在他有生之年不大可能再有人能够打破了。他将自己的成功主要归功于卡米高训练法。卡米高、阿姆斯特朗，这对盟友让这场赛事永远留下了他们的印记：选手如何根据自身条件制定战术，如何赛前备战，如何实战，如何发挥竞争优势，所有这一切都离不开一条原则：减法。他们正是运用它改变并主宰了这场游戏。对于兰斯·阿姆斯特朗来说，他要舍弃掉的那一部分也恰恰是他生命的重心：骑车。

卡米高训练法带给我们一些很重要的启示。首先，不努力有时候反而是一种最有效的努力，降低或移除你在心理或行动上设置的对抗，此时的这种“舍”可以有效避免为达到目标而易于过分努力的倾向。投入过多心血或付出过多努力，超过了实际所需的限度，这时就会造成负荷过重、不调和以及精力和资源的浪费，结果可能妨碍预期目标的达成，甚至不进反退。其次，“减”，未必就是想尽办法做得少，而是尽力优化和最大程度上发挥资源的效用。我们应对的是一个有机整体，某一个层面上做得少了，也许就需要在另一个层面多付出一些，整体做功维持在一个稳定水平上就可以了。以阿姆斯特朗来说，虽然以小发力实现了更高的功率输出，不过却是以高频率的蹬踏板节奏换来的。最后，戏剧性的效果未必总是需要借用戏剧性的手段。深思熟虑的基础上，只做一点小小的减法，也可能收到令人吃惊的效果。以我们更熟悉的棒球赛为例子，全垒打时，不用非得使上吃奶的力气把球击出全垒外野，只是需要你在击球姿势和击球点这些小细节上多下一点工夫。克里斯·卡米高让优雅同挥汗如雨的竞技运动完美交融了一起，而“减”正是实现这一切的关键。

因为卡米高的运动绩效辅导，我们得以见证竞技场上优雅的身影。优雅这样无处不在，让我开始好奇，不在万众瞩目之下却同样竞争激烈的商业世界里，是否也有人在借用同样的法则创造自己那一份奇迹，将这份优雅更实实在在渗透进我们普通人的生活呢?

精减创造奇迹

1989 年 10 月 1 日周日凌晨，确切来说是凌晨 0 点 01 分，此时电视机前还没睡着的英国观众怕是都要从床上直接跳起来了，节目忽然中断，眼前的电视屏幕上随即毫无预兆地闪出一条奇怪的通知，内容如下：

> 别紧张。这是我们首次尝试跨时空对话。这项实验是由英国第一直通银行赞助的，庆祝银行成立21周年。现在我们身在2010年，在21周年纪念日这一天，我们特别通过这项实验退回到银行当初成立的时空，也就是你们的今天。现在我们将信号切回，请继续收看您的节目，并祝您在自己的21世纪一切美满幸福。

这则极富煽动性的电视广告出自伦敦 HHCL 广告公司（Howell Henry Childecott Lury）之手，客户是这一天成立的第一直通银行，一家挑战传统银行概念、开创电话理财新概念的新式银行。观众从这则广告里很明确地获得了一个信息，无论第一直通银行是一种什么概念，它都是前卫的、未来主义的。很快，人们就发现，第一直通银行与传统银行相比，缺少了一大块。没有传统银行赖以存活的基础性物理建构，不设任何分支机构，相应舍弃了许多环节和程序，与顾客更“直接”进行对话交流。这其实是一家虚拟银行，只通过电话接通办理业务。在 1989 年，这算是相当超前、激越的举动。

凌晨 12 点整，那则令人咋舌的广告闪现在电视屏幕上的前一分钟，第一直通银行电话热线已经正式向公众开放。接下来的 24 小时，超过 1 000 个电话打进了英国第一直通银行，不是让你在音乐声里无聊等待的自动化系统，也不是海外代理，拿起电话就可以和坐在第一直通银行运营总部里的个人银行家进行直接交谈。截至第二年，已经有超过 60 000 人成为了第一直通银行的客户。到了 1995 年年底，这个数目几乎翻了十倍，也是在这一年，第一直通银行开始盈利。这之后，第一直通银行每一年都处于盈利状态。当时没有网络也没有移动电话，这些科技的普及还须等上整整十年，那么，第一直通银行是如何独具慧眼，走在时代之前发现了虚拟的巨大商业价值呢？

1988年6月，下属米德兰银行（Midland，后并入汇丰银行）的“乌云计划”特别工作组成立。在英国，几乎每一座城市都会有一条落户各大商业银行分支机构的金融街，米德兰，以及巴克莱银行（Barclays）、劳埃德银行（Lloyds）和国民西敏寺银行（Nat West）一起名列英国四大高街银行。当时的米德兰正被多方面的业务危机所困扰，因70年代至80年代向拉丁美洲贷款造成大笔坏账以及几次收购活动所带来的负面影响，已经面临5亿英镑的亏损。而且客户对于银行服务质量的印象也堪忧，不过当时英国整个零售金融这一块基本都有同样的问题，提起跟银行打交道的经历，很少有人会交口称赞，而是都觉得那就是个给人高傲、古板、训诫式感觉的地方。这之前英国亨雷预测中心（Henley Centre for Forecasting）曾发布报告称，英国所有零售业务中，银行业服务质量的口碑最差。“乌云计划”工作组正是要挑战这种现状，重新发现一条不同于传统银行的新路子，取消分支结构，将资源和精力更多投注于为客户提供真正高水准的零售业务服务上。

那个时代，正值日货在消费者中的口碑日趋上升，米德兰银行的高层也觉察到了这一股突如其来的强势力量。自1987年美国股市持续低迷之后，诸如美国富达投资集团（Fidelity Investments）这样的知名金融机构对于控制投资回报率都已经表现得力不从心，开始转而往提供更高水平的服务质量上寻求出路。Kaizen，是一个日语词汇，意思是从细节处着手，渐进、持续地改进。今井正明（Masaaki Imai）先生在1986年出版了一本同名书籍，让全世界知道了Kaizen管理思想是如何逐步改变日本企业，创造了今日的辉煌。富达投资有限公司董事长兼首席执行官爱德华·约翰逊三世（Edward C. Johnson III），已经与时俱进率先借鉴了这种来自日本小国的经营理念。今井正明在自己的著作中将Kaizen总结为日本企业的核心竞争优势，并且认为日本战后经济迅速崛起都要归功于这种独特的经营理念。米德兰银行的高层最终也明智地做出了选择，吸收Kaizen理念融入自己企业的核心价值，很大程度上为“乌云计划”工作开展的指导思想奠定了一个基本的调子。

粗略翻译过来，Kaizen 就是指“变得更好”。它既是一种理念原则，也是一种实践方法。作为一种思想，Kaizen 将“客户定义”（customer-defined）价值摆在了所有经营创造活动的核心位置，重视按照客户期望或要求提供定制服务。落实到实践上，Kaizen 方法只需要做到下面这简单的三步即可：创造一个标准，实现它，改善它。但是，有意思的是，如果你继续去做一些研究就会发现，尽管 Kaizen 是一个日语词汇，也促成了日货如今被视为“高品质”代名词的业界口碑，但这种经营理念实际上却是不折不扣的“美国制造”。

1945 年，道格拉斯·麦克阿瑟（Douglas McArthur）将军担任盟军驻日最高司令官抵达日本，开始了在日本国土的七年驻军计划，目的是为了稳定当时这个国家的局势。不过面对战后错综复杂的现实，这项维稳任务的艰巨程度不难想象。抵达日本之后，种种见闻都令人难以想象，这个国家真正恢复到平静稳定那一日还有多长的路要走。整个东京满目疮痍，一片废墟。经济陷入瘫痪，工业基础设施在大轰炸之后彻底“人间蒸发”，社会动荡不安，饥饿蔓延，以及从四面八方涌来的土地、设施、资金和专业人才的严重短缺，严峻的形势让日本重回正轨的愿望遥遥无期。麦克阿瑟最后决定向华盛顿寻求援手，希望争取到罗斯福政府战时制定的“行业内部不脱产培训”（TWI）应急服务计划的支持。不过可惜的是，随着战争结束，这项应急服务已经停止了。

1940 年，法国陷入希特勒第三帝国的铁蹄之下，美国在欧洲战场参战迫在眉睫。战争情势刻不容缓，此时的美国制造商们不仅亟需找到能够快速有效提高工厂产量的方法，而且面临大批适龄青年不日将赶赴战场的现实，还需要有一种有效的方法可以尽快培训出可用的技术人员，在最短时间内填补上这块劳工空缺。为帮助制造业提升生产力和产量，美国战争部门制定了“行业内部不脱产培训”（TWI）的应急服务计划，有步骤地包含了三个项目。其中一项“工作方法培训”，是让员工学会如何通过无数微小的变化来获得成效并贯彻能够立即带来成效的指导思想。当时用来概括这种工作方法的术语是“持续改善”，重点是对目前的工作和现有的设备进行完善，因为时间紧迫，容不得人们发展宏大的构想，也不允许人们开发设计新的工具。

这种培训方法很快就被投入实施，通过“为培训者培训”（Train-The-Trainer，简称“三 T”）的具体形式逐级将知识下放，5 名课程开发者每人负责培训 2 名培训师，这些培训师再继续每人培训 20 名培训专员。这些培训专员最后在美国几乎 17 000 家工厂里建立起了“质量控制圈”。截止到战争结束，不到 5 年时间里，TWI 计划培训的主管超过了 200 万人。

麦克阿瑟认为 TWI 计划可以成为振兴日本经济很好的助推剂。不过随着战争结束，TWI 计划也已经撤消了。幸运的是，之前一开始便参与这项计划的一些培训师组建了一家专事培训的 TWI 公司，并且也愿意助麦克阿瑟将军一臂之力。到 1953 年年底，这种培训策略所传达的核心价值实际上已经完全被日本工商界所吸收，成为这块土地上标准化的经营理念，全国上下每一家重要的生产制造企业都依循此道生产产品。后来的事实证明，日本人真真正正做到了“持续改善”，依靠他们自己的智慧和毅力将这种理念根深蒂固地继承了下来并且最终发扬光大，而且重新用自己的语言给了它一个新的名字：Kaizen。

Kaizen 管理思想认为，作业可以被区分为两类：增值作业和非增值作业。任何不以任何形式带来增值的环节和程序都应当被削减或干脆移除，因为 Kaizen 的既定目标就是要持续保证价值的有形推动力——质量、成本和流通速度能够不断得到优化。Kaizen 经营理念提出，实现效益的最佳途径，就是竭尽所能消灭掉那些损害产品质量、造成成本过高以及导致流程拖沓延误的因素。这正是快餐企业 In-N-Out 一直回避添加的那一部分菜单，也是克里斯·卡米高为兰斯·阿姆斯特朗量身定做的训练方案中舍弃掉的方法。换句话说，Kaizen 讲的也还是这同一个道理：减以及如何减。

Muri，Mura，Muda，这三个源自日语的词汇在一位训练有素的精益生产者眼中拥有非同寻常的意义。这三个词是丰田生产方式创始人大野耐一先生的生产管理理论的重要构成概念。Muri 的意思是负荷过重，具体说来指超载的设备或是超负荷的工人，通常是由工作的节拍比原设计的规格更高、更困难所致。Mura 意思是不均衡，可以是生产运作不规律、不平衡或中断，一个不均衡的工作节拍会导致操作员有时匆忙、有时空闲；或者生产系统的进度由生产系统本身决定，而没有照顾到客户的需求。Muda 意思是浪费，大野耐一先生在很久以前就为我们列出了浪费的 7 个种类：生产过剩（超出客户需求的生产行为）、不必要的等待、搬运、加工中的浪费、库存、多余的动作以及对不良品的返修。三者中，可能很多人都会认为 Muda 最容易着手解决。这种想法看似理所当然，因为浪费问题是最容易被我们看在眼睛里的，但是其实 Muri 和 Mura 往往才是一切问题的症结所在，因为它们完全可以成为制造 Muda 的罪魁祸首。"乌云计划"工作组在开展研究期间，就尽数找出了所有以各种形式"伪装、潜伏"在米德兰银行分支机构里的 Muri，Mura 和 Muda。

工作组对其时银行的客户群进行了咨询，结果他们有了一些意外发现，原来这些客户中有五分之一在过去的一个月内一次也未曾踏进过任何一家分行办理过业务；若以一周时间为限，过去一个星期内"登门造访"的客户人数比例就更少得可怜了。几乎超过一半的人从未与分行经理见过面，超过百分之四十的银行客户表示如果可能的话他们宁愿一次也不用去"造访"，除非实在迫不得已。其实如果你愿意正视这个问题，事实原本就是这个样子，大部分普通金融业务的办理，比如存款、划账和取钱，确实并不是非得面对面坐下来商谈一番不可。而对于那些确实需要大家坐下来深入谈一谈的业务，比如向银行贷款，相对来说所占份额其实很小。然后，一个关键性的问题出现了：我们究竟为什么非得抱着设立分支机构这种想法不放呢？一个声音会说，人们始终还是认为直接交流和提供个人定制服务是很必要的。但是有没有这样一种可能，不必造访分行机构也一样能够得到同样充满人情味和个性化的服务？既然普通银行客户甚至一个月都不存踏进银行大门的打算，那么是否应该思考一下，这种设立门户的做法真有那么必要吗？

调查分析之后，工作组逐渐形成了一种认识，银行的客户群体所看重的服务质量主要体现在这三个方面：信息、交流和信赖。维持任何一家个人银行业务系统，这些都是必须具备的素质。他们还意识到，对于第三条“信赖”来说，其实是客户对银行提供的服务质量、成本代价以及信息和交流的供给效率满意度提升时的自然回报。通过一定的技术支持，兼以训练有素、当客户有需要时随时可以联络到、并且反应准确迅速的工作人员，完全可以实现高水平、高效率并且以更低成本来为客户办理业务，并维持一种更人性和更温情的客户关系。其时，大众对于传统银行的信赖早已日落西山，银行机构在与客户打交道时不仅保证不了信息传达的效率、交流的人情味，也最终导致了客户信任度的幻灭，煞有介事的银行机构实际上在客户心里已经不再是价值和服务的保障了。

“乌云计划”工作组最后得出了这样的结论，设立分支机构的做法完全可以被取缔，并且相信这一突破性的举动不仅能够保证服务质量的提升，更是盈利的保障。若是能以提供高效快捷的业务信息、充满人情味的交流互动和培养信任度为前提，基于大面积覆盖的电话网络，只需花上成立一家分行所需的一小部分资金，设立一家提供个人金融业务的虚拟在线银行，结果会带来股东和客户各取所需的双赢局面。

米德兰银行果真如法成立了这样一家在线分支银行，开创了虚拟银行概念，而正是“乌云计划”工作组的研究促成了“第一直通”（first direct）品牌的成形，打造了英国第一个电话银行服务系统。这就是英国第一直通电话银行的由来了。出现之初，其他高街银行都对大众愿意通过这种虚拟银行办理业务的想法嗤之以鼻。可是事实却是，截至1996年，第一直通银行吸收客户已经超过650 000人，甚至其中有三分之二完全抛弃了实体银行，也包括米德兰自己的实体银行在内。1992年有一则电视广告，片中角色以第一直通银行客户的身份说道：“我从来没真正见过第一直通银行的任何一个职员。可是我相信，而且完全相信，他们就在那里，是一位随时想找便可以找到的朋友。”

接下来要说的这一位就不是广告片里的角色了，而是一个真正的认可第一直通银行服务质量的客户。伦敦一家投资公司的风险管理总监，当初第一直通银行一开始运营，他就放弃了四大高街银行之一的国民西敏寺银行，转而投向第一直通银行的怀抱。他告诉哈佛商学院的研究人员：“我已经受够了本地大银行的低效率。比较之下，第一直通银行的效率就高多了，一天24小时、一年365天，全天候开放，随时拿起电话就可以办理业务。电话那头的工作人员相当专业，态度也十分友好。他们制定的利率具有竞争优势，业务功能也齐全。我已经把第一直通银行推荐给了我的10个朋友。”

现在看来，那个在21年前周日凌晨从天而降的广告片中的奇妙的预言如今全都应验了。今天，第一直通银行还在继续书写它的传奇，在这个计算机网络和移动手机网络普及的时代继续高歌猛进。如今他们吸收的客户已经超过1 200 000名，其中接近900 000人通过第一直通银行推出的网络银行办理业务，接近400 000客户使用的是银行提供的手机短信服务。实际上，第一直通银行在英国银行短信业务中占了最大一宗，每个月都要向客户发送大约260 000条业务短信。在英国南拉纳克郡的汉密尔顿和西约克郡的利兹，第一直通银行电话服务系统的这两个总部里，2 800名个人银行家每周都会接听处理235 000个客户来电，每天法定工作时间之外接听电话超过13 000万个，海外来电数目超过500个。除了大型停车场之外，公司还为他们提供美容、洗衣、按摩等预约上门服务，而这些只是3 400名雇员享受到的公司福利的一小部分，所以第一直通银行在2006年登上《星期日泰晤士报》评选出的年度“最佳雇主100强”排行榜，就不足为奇了。既然英国第一直通电话银行如此成功，我们当然不免要考虑一下这个问题，为什么各大银行花费大量人力物力资源设立分支机构的做法还是一种主流？

对我来说，第一直通银行的传奇，让我看到人们通常概念里既定的企业结构不是不可以进行精减改造转而带来可观效益的。一种原则到了不同人手中，演绎也变化无穷。现在我考虑的是能不能有幸找到减法原则其他形式的精彩演绎。

“减”出来的创造力

一棵树不偏不倚正长在了一条道路中央，大概也有几百年的树龄了，几百年来它就一直待在这里，当初铺设这条路时显然是有意绕开了这棵树，留了它在这里自生自长。沿着这条道走下去，渐渐你就被引到了一家法国公司门口，只知道它就是众口相传的FAVI公司，一家拥有五十年历史的设计和铸造铜合金汽车零部件的小公司。FAVI公司的掌门人佐布利斯特（Jean-Francois Zobrist），把FAVI比作那棵道路中央的老树——漫漫岁月里，维持生长同时也枝繁叶茂，却不必非要高擎入天、枝广蔽日不可。

FAVI坐落在法国皮卡第地区的一个叫阿朗库尔的小村庄里，出了巴黎往北约170千米就到了。当你驾车越过皮卡第郊野，展现在眼前的风景会让你产生一种似曾相识的感觉，似乎你就身处哪部战争片里出现的某一个场景里，那些“一战”、“二战”电影逃不过都是在这里取的外景吧。哥特式大教堂和城堡的尖塔从起伏不平的绿树丛里突兀探出直刺高空，相比之下，整齐的村庄侧显得矮小腼腆而且友善。这一片满眼乡野静谧的开阔土地，却是历史上几次惨烈战役的发生地点。

索姆河流经皮卡第，“一战”时期最大最血腥的一次战役——索姆河战役就发生在这片平原上，那次战役的伤亡人数超过了百万之众。不过住在这片土地上的人们，经历过的战争和侵略已经足够多了。实际上，如果你去探访一家有些年代的旧式农舍，很可能就能让你在烟囱后面什么地方找到一道暗门，通往建在房子下面的密室，在战争年代那就是这家人曾经心惊胆战躲避敌兵的地方。这也是为什么那棵树会被保留在道路中央，它不会为你让路，你却要懂得尊重这个延息了数百年的生命，到了这里谁也无法开车直接通过，每一个员工都不得不离车步行。这棵树是一个警示，不仅提醒人们需要将“生存与繁衍”时刻铭记在心，而且也在提醒着坚忍不拔的意义，这是经历过战火洗礼的皮卡第人最不该抛弃的珍贵品质。

当初，是《华尔街日报》上刊载的一篇短文，让我注意到了这家公司。FAVI，一家几乎拥有600名员工的企业，二十多年里竟然没有人事部门——这正是吸引我注意的原因，也促使我决定要亲眼去见一见这位公司的当家人佐布利斯特先生。早在1983年，佐布利斯特先生开始接管企业时，首先做的事情之一就是撤消了人事部。不过很快我就发现，这还不是全部。

恐怕不会有多少企业总裁会对人直白地道出这样的话，“我其实是一个既笨又懒的管理人”，更不用说作为谈话的开场白。这句话让两个原本不熟悉的人的谈话立即转入了一种轻松的氛围。通常，顾及自己在一家企业里的管理权威，没有人会这么直白地评价自己的职能工作，顶多会在工作之余在侍弄花草之类的事情上无伤大雅地自谦一句。当然了，这其实只是佐布利斯特先生对将企业放手交到员工手上、给予他们最大自由这一大胆做法的一种优雅谦逊的解释。他说："我不会过问他们都在做什么。"他的意思其实是说，他并不像员工一样各自拥有一身从事生产作业的专业技能，所以也不应该去控制员工事情应该"怎么做"。照他自己的说法，如果将FAVI比作一辆汽车，他的工作就是充当这家企业的"前大灯和挡风玻璃"，企业该怎么发展壮大、该往哪儿走，这才是他要过问的事。FAVI同佐布利斯特先生一样，都具有独一无二的特质，完全不同于我之前所认识了解的很多公司企业。在这里，我看到了不太一样的风景，极简的风格叫人无法不钦佩佐布利斯特先生的魄力和胸怀。

FAVI公司没有人事部门，这是千真万确的。实际上，FAVI企业从生产到管理都不存在那种逐层逐级管控辖制的模式。企业里没有中间管理层，没有中央集权主管，没有打卡钟或者出勤卡，没有密密麻麻记载着"应该这么做、不能那么做"的员工手册。在FAVI，你不会听到有人用到"人事专员""办公人员"或"工人"这类字眼。在佐布利斯特看来，现代企业所谓的先进管理制度，几乎都没多少真正的意义。他的观点是，过度仰赖中央集权主管，只会造成"对员工活动力的过度控制，同时借由员工的服从，满足了维护加强自身辖制权威的阶层利益"。很显然，一环扣一环的链条结构行政管理系统，是被FAVI企业文化刻意排斥出去的。不过之前的FAVI可不是这个样子。

佐布利斯特先生到来之前和之后的FAVI是截然不同的两个天地。举个例子来说，在过去，如果你需要用到一个工具，你就得去找那个将所有工具都死死保管在自己手底下的那个人，也就是那个负责监管员工上下班打卡的人，每逢有人迟到，按规定给予处罚时，便好像庆幸找到了某种乐趣似的那个人。而且你会发现即使在一个酷热难当的天气，车间的窗户也都会紧闭着，员工们在铸造车间忍受着对健康有害无益的高温酷热，只为了在拿工资那天能挣到一点"高温津贴"——生产作业时将铸造温度维持在某一上限以上便可获得这种津贴。至于那些高层管理人员，每周都要花两个小时坐下来讨论解决为什么产量又一次下滑了、交货又一次比合同规定时间晚了，却不会花一点工夫去琢磨一下整个企业生产管理活动本身是不是出现了什么问题。

等到升任 FAVI 掌门人，佐布利斯特对企业内部的这种现状已真心厌恶，他称之为"怎么做"系统。这是个什么系统呢，他解释说，在"怎么做"系统里，"除了公司总裁，好像每个人都是笨蛋。如果你有什么问题就要找工头，工头若说不知道，就得去问主任，主任也不知道，就问他的经理，经理也还是不知道，就去找总经理，最后就找上了 CEO"。后来佐布利斯特的革新，是让这个"怎么做"系统干脆来了个大反转，破除层层管理，不要求员工服从，而是要求责任与主动。"现在除了公司总裁——也就是我自己，这里没有人再是笨蛋。"他笑着说。这种将"怎么做"的决定权交到实际完成那项作业的人手上的做法，同 Kaizen 重视建立和培养质量控制圈的做法有异曲同工之妙。

FAVI 的故事之所以如此引人关注，不仅因为这样一个极端扁平式企业结构案例出现在一个拥有四百年中央集权传统的国家（法国），而且还因为它恰恰在一个竞争激烈而且已经成熟的行业环境里出人意料地获得了成功。不过还值得一提的是，新旧 FAVI 管理模式的更替真正就是一夜之间的事情。谈到这场革新，我是做好了准备要听一个回肠荡气的变法故事的，一场大动作的将权力下放实现自行运作的管理变更，应该少不了一番苦心孤诣吧，比如实现这场制度变动具体用去了多少时间、付出了多大代价以及中途遭遇了多少艰难险阻？但结果出人意料的是，佐布利斯特先生只给出了这样轻描淡写的回答："当上公司总裁的第二天，我把全部职工都召集了起来，然后告诉他们，从明天起，你们再来上班时，就不再是为我或者说为这个企业的老板在工作了，你要为你的客户工作。不是我付工资给你们，是客户，那些钱是要从他们的腰包掏出来的。现在开始每一位客户都要有一间属于他们自己的工厂。你们要对他们负责为他们工作,他们的问题就是你们的问题。”就是这样,他拆解了企业里的集权部门，破除了层层管理构架，人事部门没有了，产品研发部门没有了，采购部门也没有了。对于现代管理制度的种种把戏,佐布利斯特弃之如敝屣。那么，结果究竟如何？

基于对客户不同需求的研究和区分，车间里成立了大概二十个工作组，比如菲亚特、沃尔沃、大众等等。每一个工作组不仅需要对各自的客户负责，而且需要独立担起人力资源、采购和产品研发的职能。组内职务有这两类：除了组长，就是组员——也是灵活游走于多种职能之间的执行人，以集思广益、全体协作的理念开展工作。在FAVI，每一家客户都有自己的一名客服专员，全权负责协调客户与公司之间的沟通，这部分也被规划在各工作组的职责范畴之内，具体包括技术要求、价款谈判、原料采购、产品研发、质量控制问题、生产进度、出货时间、组织会议和信息协调。客服专员是一个非常关键的职位，对企业经营活动的开展至关重要，所以担任这个职务的人选都是由佐布利斯特本人亲自任命。实际上，这么一来，FAVI就从一家大工厂拆解成了二十个同在一个屋檐下却各自独立开展经营的小工厂，在一种“没有政策”的政策环境里百花齐放。

摒弃了等级制度的企业架构，也一并解决了许多问题。在FAVI这样一家公司内部，工作职能被组织进各个平行关系的客户工作组，所以职别称谓的意义就不大了，互相攀比和谋求晋升等这些让员工分散精力的因素也就不存在了。员工的全部精力都扑在了工作上面，这在FAVI是被认可的最高价值。问责权不再掌握在老板手上，而是交给了客户和各个工作组。因此，FAVI的员工可以寻找自己的方法，自由尝试创新，解决客户的问题。

企业员工为了处理额外的订单会自愿星期六到公司上班，第一线的生产人员也会自己重新设计产品以改善效率，这在FAVI都不是新鲜事。设备和工具的使用管理；生产车间和作业流程再造，全都放心交到了那些第一线人员的手上。FAVI鼓励员工为了提升工作绩效和处理客户需求可以自主决策、快速反应。生产、经营权限都下放到了可以为企业创造最大价值的第一线。佐布利斯特做了大量工作，革除原本层层上报的“怎么做”系统，让员工直接关注“为什么”及“为了谁”，“谁”就是顾客，顾客是唯一掌握影响力的人。他对自己的员工只有一个要求——对于一名Kaizen精益生产者来说，这些标准并不陌生——供给客户（效率）更快、（产品）更优、（成本）更省、（应变）更明智的服务。

结果，改变发生了，也成就了FAVI客户工作组高度负责的美名。法国曾发生过一次卡车司机大罢工，导致法国边境主要路段交通封闭，结果威胁到公司一家长期合作的老客户订单不能准时交货。负责这家客户的工作小组，为了不因为延误交货让公司信誉受损，自愿负起责任制定了相应的应急计划，避开主要道路，雇用了小型载重汽车走小路，最后将所有货品按照约定时间准时交到了客户手中。

尽管如此，有时候拜访FAVI的一些客户依然会被在这家企业里的所见所闻吓到，缺乏管理控制的生产状态让他们不能不为之恐慌。佐布利斯特先生很爱跟人讲起这样一段插曲，曾有客户要求在FAVI进行现场监工。“他们要求审核我们的生产流程。”他说，“他们不太高兴，因为我们没有订单追踪的测控系统——在他们看来，我们的管理完全不到位，没有任何为防止延误交货而制定的计划、流程和管理保障。这个客户和我们合作有十多年了，所以我就问他们，‘我们过去有过延误交货的纪录吗？’他们摇摇头，‘没有。’我又问他们，‘这之前我们有过延误交货的记录吗？’他们又摇摇头，‘没有。’然后我就问他们，既然是没有的事，为什么还要担心呢？”

纯粹但锐利的思考方式，不是吗？

FAVI 不仅将利润率稳稳保持在两位数上，而且在一个存活艰难的市场大环境里坚韧维持着自身强劲的生命力，业界其他很多竞争对手不是蚀本，就是通过在亚洲寻找代工以降低劳动力成本从而谋得一息残存，甚至他们还会一直降低产品价格。举例来说，如今变速箱的铜齿轮——一种主要的变速配件，它的生产成本已经几乎比二十年前降低了一半，这都要多谢 FAVI 管理模式给员工创造的自由工作环境，员工自愿找出为企业节省成本的方法，出产的货品价格也自然跟着降下来了。

自然并不是所有人都会这样幸运，能碰见 FAVI 这样自由民主的企业，愿意信赖员工的创造力或者说毫无保留支持他们发掘自身潜能。当然了，你也许会觉得佐布利斯特毕竟是 FAVI 的当家人，一厂之主，那还不是愿意怎么来就怎么来？那么，能不能找出一个更能贴近我们自身现实的例子，毕竟我们不可能人人都像佐布利斯特先生一样拥有自己的一家公司，学他来一套扁平式管理。下面我要说的这一个就是了，你未必拥有一家公司，但你一定会有自己的一个“窝”吧。

无名的品质

美国明尼阿波利斯市郊有一栋房子，你还未走进去，就已经能感觉出它的与众不同。它很神秘却不会给人冷冰冰、拒人于千里之外的印象。迎面一个很大的山墙屋顶，一层顶部有高高的挑蓬结构向前向后伸展，挑出部分足足有 1.5 米，整座建筑看上去就像是一个稳固安全的避风港。前廊和前门之间构成一条深甬道，延长包笼的空间让你在未真正进入这栋房子之前，已经有身在其中的感觉了。当你跨进房门，随即进入到一个空间不大的接待区，不过一转眼的工夫你就能留意到这栋房子跟大多数人印象中的“梦想之家”该有的样子大相径庭。

首先，没有高挑的天花板，没有富丽豪华的大厅供客人等候休息，也没有可以踱着悠闲的步子款步走下的螺旋楼梯，你所有的这些经典的想象在这里全都落了空。这里没有真正的独立房间，没有严格规划出来的起居室，没有正规意义上的饭厅。进入私人空间之前，有一块仅够两三个人站在一起闲聊寒暄的过渡空间，从这里进入房屋正式的生活区就会发现整个一层空间是完全开放的，在你走进去的那一刻，便已经可以将屋内几乎每一块角落都尽收眼底了。你的目光会被径直吸引到房子的另一端，穿过整间屋子远远望向出现在那里的一片亮光，这光来自一扇门上的一洞窗户，从那里投射下来。

厨房、餐厅和客厅都有很明确的区域划分，虽然是各自独立的功能区，却又并不分离。置身其中，你立即就会感到身心放松，空间无限延展，让人心胸开阔，通长的空间让你觉得可以随意走动和呼吸——有种真正活着的感觉——因为所有带来封闭压抑的墙体结构在这里都彻底消失了，代之以全新的空间划分概念，就像四象限的划分一样游离、不确定。一个功能空间又向另一个功能空间蔓延融合。两个通长的下坠式天花吊顶纵览整栋屋子，将空间划分成了四个部分，风格独立。吊顶相交接的地方有立柱提供支撑结构，并进一步帮助明确各功能区的划分。由于“上面”这一番工夫，尽管饭厅和客厅各自的功能区划分明确，但又同时与厨房空间相互渗透，如果你在家里办聚会，或者家中有孩子，你会发现他们可能随随便便就侵占了你的厨房空间，根本不会特别惦记哪里是客厅哪块是厨房。

房子里只有一个全封闭的私密区域，看上去相当温馨惬意的独处空间，你可以钻进去逃避世事、享受孤独、读书学习或不被打扰地睡上一觉，或者把家里的小孩子打发进去看他们不知道已经重温了多少遍的《海绵宝宝》。另外，在普通家庭里，一般都会有很多没有被充分利用起来的角落和空间，不过在这栋房子里，你能在这样的空间里找到内置的储物柜或者壁桌之类的巧心设计。举个例子来说，当你站在楼梯顶端的平台上就会注意到，屋顶阁楼下面搭接的船梯背面的空间里，内嵌着一张桌子，看上去像一个温暖的庇护所，让你的孩子在里面做功课或是玩电脑游戏再合适不过了。屋顶的阁楼提供了另一种可能的活动空间，如果家里有个十几岁开始向往独立空间的大孩子，可以留给他用，是一间视界很好的玻璃房，相信这里将会成为他的避世桃源。

既具备功能性又漂亮的空间利用方式，俯拾皆是，而且，很多空间可能被赋予了两种功能，一地两用。举个例子来说，围炉夜话是个再传统不过的景象，不过却很少有人会把壁炉两侧的空间也利用起来，在这里就被安置上了舒服的靠窗座。又如，在主卧室里又嵌套了一个小型衣帽间，空间大小仅够两人作穿衣间之用，不过已经足够容纳下一张梳妆台、一面穿衣镜、一把椅子、衣架，再挂上几排衣服，另设了一道门与外面隔开，所以你如果在早上四点钟就爬起来颠来倒去研究穿什么出门，就不至于惊动全家人了。

天花板、地板在外观和高度上都有变化，采用了大量鲜艳色系，所以在这里你的视觉感官绝不会觉得单调。房子采光做得很好，一方面因为安装了很多窗户，而且很多通敞设计保证了很好的视界，有效地做到了“采外入内”，使得空间流通、视觉流畅；另一方面，归功于各种反光材料的大量使用，起到了镜面的效果，在视觉印象上大大扩展了空间。

当你站在一楼的开放空间，可能会觉得这栋房子至少也该有个 350 平方米吧。事实上你的感觉欺骗了你，这栋住宅的面积最多也不会超过 186 平方米。这是美国《生活》杂志“梦想屋”专题系列在 1999 年介绍的房子，设计师是建筑师萨拉·苏珊卡（Sarah Susanka）。自从 1938 年首次邀请建筑大师弗兰克·劳埃德·赖特（Frank Lloyd Wright）设计了第一栋“梦想屋”，《生活》杂志这一屋事系列已经持续开办了多年。至于这一次，《生活》为什么会选中萨拉·苏珊卡，就要说起她曾在1998年写作出版的一本书——《房子不用买太大》(*The Not So Big House*)，这本书重塑了居住空间的使用概念，在当时引起了极大反响。事实是，这次的“梦想屋”也确实不是那么大。

第一次见到萨拉·苏珊卡是在2007年的太平洋沿岸建筑商会议(Pacific Coast Builders Conference)上，为期一周的大型会议，期间有展销会、商务推介演讲以及专家研讨会，旧金山莫斯科尼会议中心的四间展览大厅内人头攒动。我听了她做的一个主题演讲，很显然萨拉对于房屋作为我们重要的居住载体应该提供和体现的居住品质已经有了破除传统禁锢的重新定义。

来说说“不用太大”的房子是有多大。实际上也不一定非得很小才算，而是指同你的心理标准作比较，不用那么大而已，毕竟最后还是从你的现实出发来决定对空间的实际需求。美国的平均住房面积在20世纪60年代晚期是130平方米，截至2005年，这个数字已经接近230平方米。不过，总体上来说，大部分家庭都存在三分之一空间被闲置的现实。我们按照传统格局打造的漂亮的饭厅和客厅，多久才被派上一次用场？像这些空间当然不可能全天候都在使用。

“不用太大”的房子里就不存在这种空间浪费，所有空间都被毫不留情地充分利用起来，结果与传统住房相比面积可以缩小三分之一。不过首先你得改变自己的居住观念，把不需要的部分完全取缔。“比起从前，现在人们的生活状态更随性自在了，”萨拉说，“但是看起来，我们仍然心甘情愿地生活在维多利亚时代的套路里，就好像我们的房子是一台漂亮的舞台布景，只为了宾客们来上门验收而存在，而人们自己却甘愿每日躲在富丽堂皇的舞台布景的夹缝里生活。”

萨拉设计理念的实际受惠者会告诉你，究竟那是怎样的一种奇妙经验，尽管实际居住面积小了，心理经验却放开了很多。我为此特意拜访了乔治·诺弗勒（George Knopfler），他是南加州的一名律师，几年前将事务所从偏远的圣伊内斯搬到了千橡市。不过他却告诉我，如今他接近740平方米的大房子虽然地处高档的封闭社区，感觉上却比之前370平方米的房子“小了一半”。之前那栋老房子还是在1996的时候他软磨硬泡才求到萨拉出手帮忙设计的，经她一手打造之后，居住空间感觉上确实就很大了。乔治的太太戴碧请我最好别再跟她提起原来的房子，“一想起因为要搬到这里，不得不放弃萨拉设计的那栋房子，我就难过得想哭”。当我起身准备离开如今他们安身的那栋豪宅时，乔治转身朝二楼指了指，最后跟我说：“看见没有？我们一天究竟会上去几次呢。”当浪费已经成为一种习惯，也就很难再意识到那是一种浪费了。之所以说“房子不用太大”，是因为利用小空间完全可以打造出更高水准的居住质量，一栋居屋里大量的闲置空间反而会“有损于家之真谛”，懂得舍弃反而会获得一种通达。

这是一种根本上突破了传统框架的居住概念，描述住房该是个什么样子，应该提供、呈现怎样的居住品质。通过对“好房子，不必大”的建筑空间利用新策略，重视住房的空间质量甚于空间数量，萨拉设计出的住房空间可以很真实地暗示出你的居住生活状态——你是如何居住，如何生活，如何寻找快乐。她对自己角色的解读，并非真的是缩小，而是放大，通过打造不仅可以获得居住上的舒适性而且能够满足精神范畴诉求的这样一种实实在在的“居住”空间，将一美元的价值放大为十美元，放大客户对于一个家的想象。不过从另一方面来说，萨拉的做法确实间接减少了我们普遍都会在住宅设计上犯下的过失。

“当挑选一栋房子时，人们好像都忘记了还有很关键的第三维。”她告诉我，“我们看着平面布局图，似乎就能知道我们生活在里面将会是个什么样子，可事实并不是这样，一张二维的图纸告诉不了我们这些。”如果你再想想，这就好像当你面对搬去哪一座城市，或者搬去城市哪个区甚至哪条街的选择时，只在Google地图上搜空中拍摄的俯瞰图作为参照，而不去实地感受一下当地的生活气氛，是完全一样的道理。“我们在买车的时候就不会这样，”她说，“那么为什么对我们更重要的房子，就愿意从这种扁平的视角来作判断！另外，我们通常也不会因为负担得起就买那辆最贵最豪华的车来开，反而会从实际出发综合考虑多方面的因素。同样道理，面积也并非决定居住品质的唯一标准。”

还在学校读书时，萨拉就受到了一位建筑大师很深的影响，当代西方建筑界一位著名的建筑理论家克里斯托弗·亚历山大（Christopher Alexander），同时也是加利福尼亚大学伯克利分校的名誉教授。他在1977年出版的建筑理论巨著《建筑模式语言》（*The Pattern Language*），至今仍是萨拉时常翻阅的案头书。亚历山大在书里详尽论述了一些独树一帜的空间理念，他指出空间本身的居住者其实比任何一位建筑师都更懂得如何打造自己的住宅空间，并开始着手一边寻找、一边验证内化于那些经受住了时间和时代考验的住宅结构和营造空间（无论大小）之中超越了时间的建筑的永恒之道。

亚历山大做了大量繁琐、驳杂的调查，基于世界各地师生的信息反馈，深入完成了对建筑设计原则的全球性考察，涵盖了从大的城市规划到小的私人住房各个层面。他最后确定了两百多个模式，并著书立说来阐述这些发现，恐怕连唐纳德·克努特也会欣赏这种以程序语言来研究空间的新颖思路——《建筑模式语言》归纳问题的方式暗合了程序编程的模式。这些建筑模式同自然界的分形法则之间又有着独特的联系。举例来说，亚历山大发现，许多中世纪的城镇建筑形态（模式），都能给人愉悦的观感，设计上体现出了平衡、和谐的品质，建筑物内的房间同整栋建筑的模式相似，建筑物又同它们所在的整座城市的模式相似。亚历山大在对此做出解释时强调，并没有一个总规划在指导、限定着这些建筑物及其内在空间的营造，这实际是一个体现出了自然界繁衍生息的永恒法则的过程，人的建筑行为无形之中默默遵循、重复着滋生于那方水土的建筑密码，严格继承了几条主体特征，同时却又允许个体可以自由地根据实际情境对这些密码做出自己的阐释或给予适当的微调。

亚历山大又在另外一种模式里告诉我们，一栋住宅如果超过了四个楼层，里面住着的人同下面的街道之间就会失掉原本天然存在的一种互动联系，所以如果你想拥有一个生机勃勃的居住环境，很简单，就得把住宅高度限制在四个楼层之内。这之后他又继续出版了《建筑的永恒之道》（*The Timeless Way of Building*），在这本著作里，他阐述了适用于任何建筑体建造的最理想的至高境界：

> 有一条永恒的建筑之道。它存在了千百年之久，至今依然如故。以往那些让人们感受到舒适自在的伟大的传统建筑、村庄、帐篷以及庙宇，总是由极其接近于此道的人们建造而成的。除非遵循此道，不然建造那些伟大的建筑、辉煌的都城或者优美别致的场所，那些令你感受到自己、感受到鲜活生活气息的地方都是不可能的。而且，正如你将要看到的，这种永恒之道会把那些诉求于它的任何人带往那形式上如同丛林、山峦以及我们的面庞一样久远的建筑。

那么，如何来理解建筑的这种永恒品质？亚历山大将其称之为“无尽的创造力”，然而又是一种“无名的品质”。

萨拉·苏珊卡在自己的事业开端就有幸让自己介入这种无名品质的神秘空气里。她在成为建筑师之后的第一位客户，是一位上了年纪、很推崇日本美学的女士。以她的原话来说，是对“日本美学的精致独到”浸淫很深的人。正是通过她，萨拉第一次接触到了 shibui 这个日语词汇，这是个形容词，对应的名词即是 shibumis（涩味）。萨拉对这个词的意思给出了很精确的描述，引用如下，从中足可见她对这种玄思美学思考之多、领悟之深：

> 在日本文化里，shibui这个词被用来描述一种设计品质，许多“不用太大”的住房设计中就有体现。但是，作为一种东方文化土壤里孕育出的哲思，在我们自己的文化结构里找不到相对应的表述，所以它是一个非常不易掌握、晦涩难懂的概念。若要尝试传达这种哲思，下面这些词可以让我们对其丰富精微的内涵感受一二：简洁、优雅、美丽、功能、克制、保留、精纯，以及静寂。这种品质适用于任何一种设计作业，可以是一件衣服，可以是一件家具，也可以是一栋住宅，都在之内。不过单只通过这些词，并不能告诉我们如何获得这种品质。尽管体现“shibui”美学品质的作品看上去似乎毫不着力，但绝对没有例外地，必须经历过大工作量的苦心钻研、不断精进，而后才能抵达你所见到的完成状态。
>
> 不过，尽管“shibui”蜕变自这样一个错综复杂的过程，但却不会让你在最后的成品看到半点“辛苦”过的痕迹。当一个建筑师全身心沉浸于一件独特设计时，它通常就会出现了。若你愿意回想一下那些曾深刻影响过你的设计案例，就会发现它们通常都是这样一些作品，某处的一个棘手问题被解决得极巧妙，以至于你最后总要暗自赞叹“当然了！怎么可能还有更好的呢！”一件真正好的设计作品，会有一种低调、不着力的美感，而且功能也绝不会逊色。这就是“shibui”了。

我希望萨拉能带着我一起追忆当初“房子不用太大”这样一种新居住空间概念是何时开始明确出现在她脑子里的。20 世纪 80、90 年代，那时正是她的设计业务越做越大的时候，也是这段时期，她在实际工作中碰到了一种不太能解释得通的现象，引起了她的注意。她发现那些非常有钱的客户从来不会要求在自己的住宅里规划建造正式的客厅和餐厅，但是中等收入的客户一般总会要求建造正规的客厅以及餐厅。虽然那时就注意到了这种有趣的反差，不过对萨拉来说此时意义还不大，至少并没立即引起了她的思考。那么后来她又有了什么发现，才真正触动她开始对空间建造进行反思呢？

她告诉我："最后我才慢慢发现，出现这种反差，与具体的人和生活方式都没有任何关系，造成这种情况的原因其实就是他们各自的现实。对那些富豪们来说，无论想造出个什么样的房子，他们都完全负担得起。所以你可能就会认为他们一定想在自己的住宅里建造会客厅、宴客厅之类正规的功能空间来满足各种社交休闲的需要。可事实却并非这样，因为跟我们普通人相比，他们休闲娱乐的时间其实非常有限。认为富人有钱也有时间享受，这种印象其实是错的。收入水平同住房空间规划正规与否之间不存在绝对的关联。"

"至于中产阶级，他们对于住房正规化的设计要求背后所不为人知的现实，其实就是因为对于必须精打细算过日子的另一种现实人生来说，假如有一天要卖房子了，而且想卖个好价钱，房屋代理和估价师都已经说过，房子里一定要有正规建造的客厅和餐厅。富豪们当然就不会有这些顾虑了。这才是出现这种反差的症结所在，不是他们不想，而是不敢想。一个不容回避的现实就是，这世上 99% 的人都没有富到拥有'独善其身'的资格，旧居住观念的大背景下不是谁都负担得起自己的随心所欲。不过如果我们愿意舍弃一些，随心所欲也不是不可能的。'房子不用太大'的居住观念正是源自我们这种真实的需求……如果我想让这种居住梦想变为现实，就必须要想尽办法减少预算。很讽刺的是，结果还是我那些富豪客户教会了我该怎么做。"

多数时候，萨拉都是在进行一场异常艰辛的"战斗"，与金钱，与根深蒂固的传统居住观念，这种情形直到 1998 年出版《房子不用买太大》以及

1999 年接受《生活》杂志邀请设计"梦想屋"之后才有所改观。观念的发生，需求观念的更新，这条路终究任重而道远。那么，就让我们来看看在萨拉空间设计新理念框架之下究竟有哪些关键性的设计语言？这些设计概念又是如何体现出了对称、诱惑和精减原则的？

萨拉擅长对空间进行重塑来营造真实的居住体验。当我们谈论空间时，我们往往谈论的是面积、数量：面积不够或者太大。但是空间数量并非我们真正的追求，我们追求的是空间数量能给我们带来什么，或者说能为我们提供、营造出何种居住体验。空间如何能容纳下我们的生活，这才是关键。许多住房的设计只重视发掘空间数量这一维的可能性，这种视角轻易地忽略掉了我们前面接触到的那些物理科学家都会提醒你注意的、与空间密不可分的另一维——时间。萨拉将这种单一的表体关注称作"制陶工匠的视角"。一个陶工若在乎的是如何将粘土培塑成容器，就只会关注外在形体的塑造，没有内在空间塑造的概念。若是将这种视角带入生活空间的设计，显然是忽略掉了我们要在空间里"过日子"的事实。当尝试构筑空间时，如果能将时间这一维也时刻考虑在内的话，此时优雅中的"对称"和"诱惑"会自然借由精减原则获得实现，结果你会发现自己真正的需求在更大程度上获得了满足：更投入地生活。

一脚迈进萨拉受《生活》杂志邀请设计的这栋"梦想屋"，独特的设计视角带来的新鲜气息扑面而来。客厅、饭厅以及厨房，全都半露半隐，眼前的空间表现出一种不确定，这也正是吸引你愿意走进去的原因，你想一探究竟，想从这种不确定中找出一种确定。我们都有好奇心，我们也都想满足好奇，想填满被那些消弃用的墙体结构制造的"信息缺口"。

当你进入主体空间，你开始意识到这里原来是一组连续相接的空间，而非传统上那种彼此隔离的独立封闭区域。萨拉解释说："如果你想读懂这里的设计语言，最重要的是要明白，我们对空间的感知不仅仅通过空间容积，体量并非唯一的决定因素，还通过空间与空间之间的流通、交互，它们之间也存在语言的交换、交流。”所以，你会发现，在这栋住宅里，生活空间的塑造所以带给人耳目一新的观感和内心体验，就在于抛弃了传统的墙体结构，反而巧妙借由天花板高度的不同变化，将各功能区域明确区分了开来。天花板的高度差别也无须过于高低悬殊，一点微妙波动便能达到效果，既清楚划分出了不同的生活区，又能让功能空间彼此渗透交融。

天花板高度的区别变化是整栋住宅空间打造所应用到的一种关键性设计语言，成功塑造出了不同的生活区域，虽是一法，却有三用：隔离、联接以及效率。举例来说，将车库同房屋接通起来的寄存室，内有悬挂衣服和分理邮件的地方，通过将这一块区域天花板高度做低，就很自然地同门厅区别了开来，下坠式天花的设计不仅让各功能区之间有了清晰的划分，而且让你进入正屋之前首先在这里感受到一种特别的氛围。如果不在天花板高度上制造一些变化，寄存室只会被看作另一个寻常的后门入口，区域的功能性就得不到凸显了。整栋房屋正是通过这种隐性手法成功实现了不同功能空间的规划，因此带来了独特的视觉观感。

改变天花板高度来营造空间的设计手法，其实只是简单地运用了减法原则。如何利用“减”有效打造出引人入胜的空间，这个命题并非如你想象那般复杂。事实上,苏珊卡教给我的第一件事情便是如何将“一”减去“二”来获得“三”。我可不是因为数学太差劲才这么说的，尽管这个等式完全违背了数学逻辑，但它却是很棒的建筑逻辑。来看看它是如何应用的吧。

如果现在给你一个矩形房间，天花板、地板和四面墙的侧面图如图4—1所示，那么，你能不能通过减去两块空间，让这个矩形房间变成三个小房间？方法其实很简单，你只需要把天花板的两块区域的高度做低，如此，你就成功达成了目的，将一个空间在视觉上打造成了三个独立的小空间。

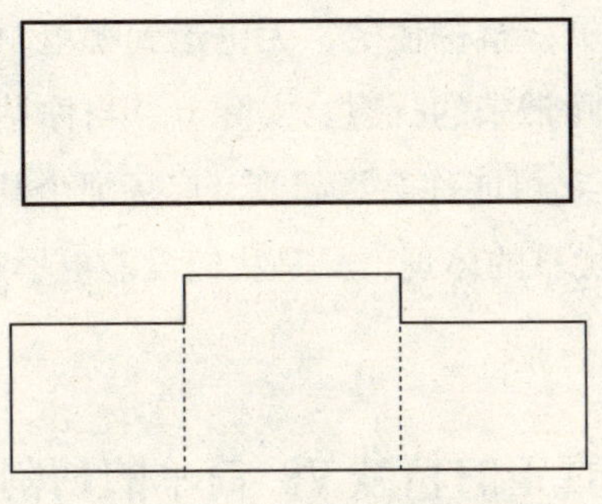

图 4—1　改变矩形房间图

你甚至还能通过变化地板的高度来做更多的减法让空间的划分更清晰明确，包括使用局部墙体在内，不难理解，这其实是对大脑补偿机制的建筑学应用。当你借用这种设计策略规划出既可见相流通、又不同相区分的空间区域，同我们大脑里对独立空间认识的常规概念出现了差距时，补偿机制启动了，大脑不仅会为你补上缺口，还会继续产生更多的缺口。小时候过万圣节，我住的那片街区所有的聪明父母都会耍这种花招，直到我后来长大也变得聪明一点了，才不会再像之前拿到五块口香糖比拿到一整包口香糖还要高兴。现在我又把同样的小把戏经常用在我六岁的小女儿身上，早餐时你问她想要吃几片肉桂吐司，“四片！”小姑娘总是这么回答我。没有办法，我只好把一片吐司分成四块交到她手上，既满足了她，又保护了她的小胃。

最后，“梦想屋”还彰显了一种自重复的节奏。建筑空间形态拥有它独特的模式：方形。整栋建筑结构是一个方形，然后又被分割出许多个方形，都是基于同一主题的不同变奏，这同一主题被不断重复——在越来越小的尺度上，形成自相似的几何形体，直到窗棂上的小方格都是这一变奏的体现。换言之，这便是分形艺术了。大多数时候住宅的设计并不懂得善加利用这种对称性作为营造空间的手段，然而这种基于自相似对称的统一性不仅促进了空间与空间之间的自然、不间断的流动，也使得我们对空间的心理感知更完整、更连贯，整栋住宅，无论走到哪里，你都会感觉到一个基于律动呼应联结的空间带来的抚慰。实际上，当你站在整栋房屋里各功能区域之间的主要交汇点,可能你会想起篮升广场那个共享空间的例子。也许，人类的居所原本就是优雅的体现，只是我们没能更早意识到罢了。

真正的精减VS.简单的切割

真正的“减法”原则同简单的切割是有区别的，明白这两者之间的不同非常关键。简单的切分当然不需要多少创意投入，不需要与人的本能倾向进行对抗，就比如降低成本或者削减预算，这种减并非我们正在讨论的构成优雅的要素。我们已经见识了什么是“精减”，那么如何来实现它，在这一法则的应用过程中我们需要克服什么？既然“精减”是要走向人的本能倾向的反面，就必定要有人与自身的抗衡，究竟有什么方法可以让我们通过实现“精减”来不断攫取“空缺”的能量呢？目前为止我们所了解过的那些革新者们，他们的方法可以说都是违反直觉的，都指向了一种截然不同的思路。他们没有停下创造的步伐，因为他们不会停止对自己行为的反思，他们会一直质问自己：我要排除、减少甚至中止什么，才能令客户感到满意？如果我准备放弃一种训练方法，那么我是失去还是提升了赢得比赛的概率？我决定掣手不再做什么，才是顾客最愿意看到的？

也就是说，他们在研究整盘棋局，当然不是跳棋，而是险象环生的象棋，因为所有的未知、变数，乃至生机，都隐藏在这盘棋局里。无论何时何境，不堪破真相，便没有获胜的可能，而且还需要展开他们真实的思考过程，让你看到若要创造奇迹，思维应该如何获得改造。这些都是我们即将要讨论的内容。其实无论“对称”、“诱惑”还是“精减”，都必须放在一个前提之下进行考量，离开了这个前提，优雅无从谈起，但满足了这个前提或者说法则，最后成就的优雅便可能有着非同寻常的简洁和难以置信的魅力。这条法则也是实现优雅的最后一条策略。那它是什么呢？

IN PURSUIT OF ELEGANCE

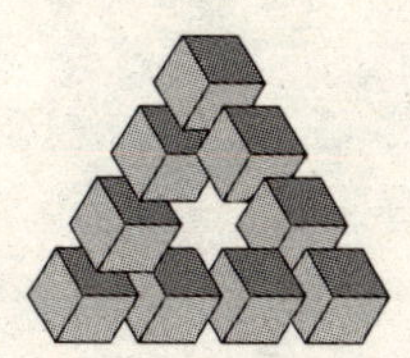

05

不朽

像$E=mc^2$方程，永恒地循环下去

IN PURSUIT OF ELEGANCE

你可能还记得，斯坦福大学荣誉教授唐纳德·克努特帮我们为“优雅”下过一个定义，他当时举了爱因斯坦著名的质能方程式这个例子来作为优雅的代表，“像 $E=mc^2$ 方程，不朽地循环下去”是他给出的最后一条标准，指向爱因斯坦相对论超越时间的永恒性。这一著名的方程式历经一个多世纪仍是世人眼中颠扑不破的真理，浓缩着宇宙间的真相，开启了后人的思路，为继续的追索打开了眼界。实际上，经受后来者的反复验证以及层出不穷新理论的攻击质疑也成就了它的历久弥坚。换言之，质能方程式之所以被视作是优雅的，不仅因为它难以企及的简洁表达，还在于它跨越时间的永恒性。

同“对称”一样，对于“不朽”，我们很容易对其进行描述，却很难给出一个确切的定义。大多数人对这个概念的认识，离不开日益提升的环境保护意识和企业相应承担的社会责任，关注的是对于日益萎缩、甚至有些地方已经严重供应不足的天然资源的可持续性开采利用。不过这仅仅是不朽之道最广为人知的一个现实应用。

笼统来说，不朽就是指可以使某事物无限期维持在某种水平或状态的能力或品质。尽管从定义上来看这种可持续性品质似乎并不难实现，不过下面要说的关于这一品质的两个重要内涵就不太容易把握了：第一，对于给定的问题情境信息，任何情况下，都必须保持其完整性，不能做出重大的权衡取舍，从而破坏了产生和维持可持续性品质的基础；后面这一条也是第一点的延伸——必须仅在问题情境设定的有限空间内利用固有资源进行革新创造，这么做也是可持续性能否实现的保障。也正因为这一必要的出发点，处于优雅核心地位的创造张力——以最小的努力谋取最大的成效——被摆放在了首要位置。

从《黑道家族》不完整结局带给观众的持续影响，到从显现不全的图案中形成持久不退的“E”字母形象；从杰克逊·波洛克滴画分形艺术作品的持久魅力，到取消交通管控却让自然秩序登台的篮升广场共享空间；从多含义的《蒙娜丽莎》的微笑，到上市前放弃营销的 iPhone 智能手机的极简市场策略；从 In-N-Out 快餐企业从不公开的“秘密菜单”，到克里斯·卡米高高度精确化的训练方案；从取消分支机构的新概念银行英国第一直通电话银行以及扁平式 FAVI 管理模式的大获成功，到“不用太大”新居住概念住宅的“减肥计划”……所有这些故事和事例让我们从各种层面感受到了“优雅”的存在，不管它们获得优雅的切入点是“对称”、“诱惑”还是“精减”，无一例外，都同时具备了“不朽”这一品质。正是由于这四个“优雅”要素都同时被满足了，这些故事背后惊人的独创性才有了我们深入探讨的价值。

不论是私下里还是工作上，我们每个人都会在某段时期某种情况下遭遇到可持续性的挑战，为了一个简单的原因，每天我们要面对、处理的问题总是层出不穷、变化多端，可是我们可资利用的各种（物理或智力）资源却用一点便少一点了。我们没有多少选择，只有开动脑筋寻找别的出路。

所谓优雅，就是当我们面对这种困境或挑战时，避免制造出更多问题，避免将问题更复杂化。但这却可能是一件极其艰巨的任务，正因为不容易办到，才会有那么多发端于善意，最后却因为不希望看到的副作用或者非预期的后果，而从好主意变成了办坏事。所以，尽管持久性最后圆满成就了优雅，却可能是最让人难以捉摸和把握的。

为了发现其中暗藏的玄机，首先还是要拿出一个很棒的实例来作为入口，这之后会设置一个问题情境，让你自己来试试手，当你尝试运用同样的思路来解决问题时，可能更加理解在这个过程中我们真正遭遇到的阻碍在哪里。

简单的持久力

尼日利亚北部的半荒漠地区，当地居民生活贫困，收入来源主要依靠自耕自给的农业。大量人口各自闭塞地生活在这片土地上，靠着乍得湖旁分支河流的滋养种植些果树和蔬菜勉强维持生计。半荒漠地域性特有的高温与干旱，为当地居民带来了严重的现实困境：种植作物收获的水果也好、蔬菜也好，难以存放很久，变质腐烂得非常快。有时候根本连几天也存放不了。如果以都市人的思路，这好像根本不算什么问题，买个冰箱不就解决了。可问题之所以棘手，还不仅仅只是因为穷困的当地人根本负担不起这种现代化电器，首先，一个严峻的现实就把这种可能性给掐断了，因为那是个不供电的地方。

尼日利亚本土出生，在靠近这个国家北部边境的杜切市吉加瓦州技术学院担任讲师的穆罕默德·巴·阿巴埃（Mohammed Bah Abba）认为这个问题并不轻松，他认为如果得不到解决可能会带来更为深远的影响。整个 20 世纪 90 年代，他都在联合国开发计划署（简称 UNDP）设在吉加瓦州的地区办事处担任临时顾问，工作的需要让他开始接触这片土地，近距离感受当地人在极度的困苦中挣扎的现实，而且这种困苦在当地遍地皆是。在这里，一夫多妻相当普遍，女人们不允许与陌生男人接触，都待在自己家里不出门，这是当地的一种传统，被称作“深闺制度”。如此一来，一旦作物有了收成之后，家庭里年轻的女孩子们就不得不每天赶远路去大市集上贩卖水果或蔬菜，这些正值学龄的孩子受教育的时间就这样被占用了。说到底，时间是制约一切的关键因素，收成中的大部分不是以很低的价格给卖了就是腐烂变质扔掉了，结果对本就不多的收入又造成了一笔损失，已经变质的食物若以低价被卖了出去，对疾病也是一种诱因。

在阿巴埃看来，当地人的健康、财产和教育，似乎都与不能有效存放收成有关。他开始从细微处着手寻找能让他们的生活变得轻松一些的小的改动，而不至于“触及到穆斯林的‘深闺制度’”。尽管阿巴埃不是专事发明的行家也不是最懂精打细算的企业家，不过很多现实条件他不得不事先考虑到，不管他最后找到的是什么解决办法，搭建和维持都必须几乎不花费什么成本从而让每个人都负担得起，不需要电力支持，容易获得材料而且所需要的技能是每个人都会的，最后即使在保守的穆斯林文化氛围里也能够被接受。简而言之，各种条条框框压在头上，他必须只能在一个非常有限的狭小空间里，找出一个真正可行的法子来。

阿巴埃出生在一个以制陶为生的家庭，很小的时候他就有了这样一种印象，在尼日利亚北部，人们过去的生活里，陶罐是维系他们生活的一件非常重要的东西。曾经从煮饭到封存逝者尸体都离不开的陶罐，如今却越来越少见到了，更多是被新式的铝制或塑料容器代替了。不过陶罐并没有从人们的生活中完全销声匿迹，焙烧陶器的本土技艺也没有失传。他自己就记得祖母曾传授过他的传统制陶技艺的基本要点，他还记着中学时课本上曾介绍过的如何科学制冷的相关知识，有了这些就足够了，他心里已经有了主意：蒸发制冷。

我们都有这种生活常识，不是非得是物理学家才能明白，比如夏天狗会伸出舌头大口喘气，是为了让舌头周围空气加快流动来散热；又比如我们都有这种经验，出汗的皮肤被风一吹，便顿时浑身凉爽，因为风加快了皮肤上汗液的蒸发。这也正是为什么身处高温干热的沙漠性气候可能会比待在温度低得多然而也潮湿得多的雨林环境里反而觉得更凉爽的原因了。蒸发是一种有限但有效的天然制冷方式，让温度降低几度完全是没有问题的。那么阿巴埃的办法具体又是指什么呢？——就是土陶罐了，或者更确切地说，“罐中罐”。

他找到的这个解决办法简单得不能再简单了。这种制冷设备是由一个内罐和一个外罐相嵌而成，两个陶罐中间空隙填上含足够水分的湿河沙。使用时将需要保鲜的食物放在内罐中，罐口盖上湿布，置于干燥通风的地方。当沙子里的水分从外罐向外蒸发时会让内罐周围空间温度降低几度，从而为罐内食物制冷。湿河沙可以为存放在罐内的食物提供两个保障，一方面降温起到制冷保鲜的作用，另一方面也抑制了仅能在高温条件下滋生的有害微生物的出现。这种“沙漠冰箱”的出现，让水果和蔬菜的存放从此不再是问题了。问题以这种方式得到了妥善解决，超乎寻常的简单，而且世世代代都可以用下去。

阿巴埃设计的“罐中罐”沙漠冰箱，可以让存放在内罐中的食物比周围气温低十几度，成功实现了制冷保鲜。当初他在检验这种设计的制冷效果时，曾有过这样的记录，茄子不再是仅能放置三天而是可以持续保鲜达几乎一个月，辣椒和西红柿可以保鲜三周不会腐烂，菠菜可以一直放上十多天而不再像之前一天时间就变黄腐烂了。

设计有了之后，阿巴埃用自己当教师的那份薪水出资兴建了窑厂——用明火烧制陶罐的土窑，并雇用了一批当地的制陶匠，将烧制成功的第一批 5 000 只陶罐免费提供给当地居民。一只土陶罐的制作成本不会超过一美元，而售卖价可能只会比成本多出去十美分。另外阿巴埃也发现，一个普通的制陶匠一天时间就可以做出五个完整的“罐中罐”。

如今，在吉加瓦州，农民和生意人都在使用这种沙漠冰箱，或是在家里用来保鲜地上的收成，或者在杜切市场上用来给出售的食物保鲜以便可以卖个好价钱，受益的人口达十万之众，也不会再发生因为吃下变质食物而患上疾病的事情了。在接受一次访问时，阿巴埃说：“农民们现在每天能卖多少就卖多少，不会再因为担心变质腐烂就匆忙赶着把所有东西都给卖出去，收入也明显增加了。那些结了婚不得不待在家里的女人们的生活也因此发生了一些改观，因为现在她们足不出户也能做生意了，把家里保鲜的食物卖给附近的人，改变了长期以来依靠丈夫养家、从丈夫手中讨生活的生存现状。”她们还自制了一种在当地被叫做“zobo”的冷饮来售卖。有了多余的收入之后，她们便可以为自己买一些肥皂之类的生活必需品。有了这种发明之后，那些年轻女孩子们也不必每天大清早走远路去赶集，也能有时间去上学了。

阿巴埃历时两年设计改进的制冷设备（一开始曾采用床垫里的海绵作为蓄水介质，之后才改成了更为普遍的河沙），引起了全世界的注意，收获了无数的嘉奖，以及世人的尊敬。截至2006年，整个尼日利亚免费分发和售出去的“沙漠冰箱”已经远不止十万个。在非洲大陆东边的厄立特里亚省（埃塞俄比亚北部省份），采纳了阿巴埃的建议之后，对他原来的设计进行了一些改动，现在被用作冷冻储存胰岛素，为偏远地区的糖尿病患者创造了福祉。

尼日利亚国家妇女事务兼社会动员局的秘书乌玛尔·拉比夫人就曾说过：“‘罐中罐’工程是首次通过文化溯因和文化分析找到的一条简单的文化解决路径，满足了尼日利亚北部偏远地区人民重要的生活需求，而那里原来是一个连维持生活的基本必需品都几乎无法获得满足的地方。”

2001 年，在将壳牌美境奖授予穆罕默德·巴·阿巴埃时，评委组当时给出了这样一段评语，这里是节选的一部分：“通过简单的蒸气制冷原理，陶罐中套罐的制冷设备提供了可以防止食物快速腐烂变质的保鲜方法，让偏远闭塞地区居民的生活从多方面获得了改善……降低了因吃下变质食物而患病的概率，帮助消除了贫穷，减少了移民现象，创造了就业机会，并且因为促进了传统手艺的复兴，增加了当地家庭的经济收入，改善了当地女孩子受教育的情况，也让‘深闺制度’限制下的女人们有了更多与外界接触的机会，为当地居民带来了巨大福祉。这种卓有成效的设计，简单，使用方便，廉价，可以长久使用不易损坏，而且仅仅利用了当地世代传承的本土技能。”

黏土、沙子、布和水——这就是全部了。穆罕默德·巴·阿巴埃造福世界的“沙漠冰箱”是一个非常好的例子，向我们显示了有限资源是如何激发出真正可持续的解决方法，一次性地让多种棘手难题获得了解决。不过考虑到阿巴埃的发明其实并没有什么科技含量，我们不禁要想一想这个问题，为什么直到现在它才被人发明出来？不过有一点是很明确的，正是这种简单成就了它显而易见的优雅。也许关键就在于看似简单，实际却并非真的简单。想出这样一个聪明的设计究竟有多难，还有待进一步揭示，对这其中根深蒂固的障碍没有认识的话，你便很难绕过它而获取我们所追求的不朽品质。

什么是深层次的优雅

设想一下，如果很多年前你是一家音像出租商铺的经理，管理着一家做得有声有色的全国连锁店在本地的一家分店。那个年代的录像机还没有自动倒带功能，DVD 还没发明。这意味着什么呢，比如你习惯看着一盘录影带入睡，当片子播完，人也昏昏欲睡了，可是还得惦记着爬起来动手把带子倒回去。所以就会有人看了带子之后不倒带。你店里现在就遇到了这个问题，粗略估计下来，三分之一的顾客在看完一盘录影带之后都不会再倒回去，不过租借合同上却是明确写明了录影带在还回时必须是倒好的。每天上午一到店里，你的员工们就会跑过来告诉你，方便顾客还带的投递箱里三盒中就有一盒没被倒过带。根据经验，这种情形是造成顾客不满意度的最大原因——对那些一直“尽职尽责的倒带人”来说，如果意外租到了一盒没倒带的录影带，心理自然不平衡，当然就不大乐意了。

你已经尝试过多种方法来试图解决这个令人头疼的问题：奖励措施，惩戒办法，或者在盒带上直接贴“帮个忙，请倒带”之类的提示标签，甚至你还花钱购置了五台倒带机放在店里，给那些声称用自家机子倒带会损伤磁头的顾客提供自助服务。可是所有这些方法都没能带来什么改观。所以你决定集思广益，发动员工们来帮助你解决这个问题。不过，你首先提出了自己的四个要求，没有任何商量余地，必须满足。首先，最后的解决办法必须让顾客主动倒带的比例达到100%——毕竟这是顾客应担的责任，而非店铺；第二，除此之外，不会额外增加顾客的负担；第三，无论什么解决方法，都必须廉价，一分钱不花便可解决问题当然最好——最多，每盒录影带也只可以有几分钱的投入；最后，解决办法必须易于操作，且不干扰店铺的正常运营。你最后又给他们打了打气，告诉员工你相信他们的创造力，希望他们可以尽情发挥想象力，只是有一个前提：必须满足以上四点要求。

我的读者朋友，不妨你就来试试看，要怎么来解决这个不大不小的问题。你完全可以暂时把书放下，给自己十分钟时间，开动脑筋，尽可以尝试各种可能的办法。在满足四个条件的前提之下，你需要找出一个极简单又持久的法子。如果在进入后面的内容之前，对如何优雅地解决问题先有了自己的体验，再读本章后面的部分，你会有更多的共鸣，因为尝试解决问题之后你已经知道了“优雅”的障碍出在哪里。你可以找身边的朋友一起来体验，有时候发动“头脑风暴”也许更容易找出办法。但愿你已经开始觉得有趣了，准备开动脑筋来破解这道谜题了。不过，可别把心思花在去发明一个自动倒带机——不仅因为，你不能违反问题情境所处的时代限制，而且说实话——费这个功夫确实没有多大必要。

其实这个故事有现实原型，这是一个来自星光音像连锁店（Star Video）在实际经营过程中遇到的头疼问题，但是这家店最后还是优雅地把这个问题给解决了。基于这个故事我设计了一个思考练习题，并且从2005年开始，在演讲和讨论会上把它分发给了25 000多人。从结果来看，大家的解题思路基本上大同小异，不论多少人参与试验、也不论受试人员什么身份：人们最后想出来的法子都非常惊人地“不谋而合”了，但最能体现可持续性的解决方法却占了不到10%。而且，问题情境前置的四个条件，往往都被忽略掉了——可是，请别忘了，穆罕默德·巴·阿巴埃当初面临的问题也是有种种的制约条件，而且一条考虑不到，便会影响到问题的彻底解决。

我从收集到的解决办法中整理出了出现频率最高的10例典型方案，现列举在下面，排序不分先后：（1）制定一份回报计划：一段时期内如果倒带纪录全满分，则奉送一次免费租借作为奖励；（2）收缴小额罚金；（3）在店铺内多放置几台倒带机，并优化标识，更清晰明确，更具劝导性；（4）将提示信息直接刻录进片子里；（5）重新设计带盒，让未倒带的录影带放不回去；（6）把影片灌录在磁带两面，这样继续观看另一面的内容时，就必须得倒带；（7）重新编辑录影带内容，将结尾剪接到影片开头；（8）取消投递箱，店员当面接受顾客还带，并提醒倒带；（9）招募自愿者帮助倒带，以免费租借影片作为酬劳；（10）这是出现最多的一条建议：重新设计投递箱，在盒带塞进去时自动进行倒带。

不过，问题情境的四条前置条件，这十种建议中找不出一例是全部符合的，有的违反了一条，有的则更多。这说明了什么呢？一个问题情境所以成立必定就意味着有限的资源条件和限制性的思考空间，答案只能在这个有限空间内寻找，但我们似乎更擅长跳出限制反到外面去找所谓的答案，至少这是一种非常普遍的现象，后面你将会发现这也正是限制我们创新思维的重要原因。

据我观察，首先值得注意的一个细节是，当人们在试图攻克这道难题时，差不多都是在很短时间内就找出了答案。几乎就像是一种反射作用，"灵感"立即就主动找上门来了。不幸的是，对于一个复杂问题来说，依靠本能和直觉一步到位得到的答案，几乎从来也不可能是优雅的，因为深层次的、隐藏的源头致因往往并没有得到解决。

也许你还记得杰弗里·施瓦茨教授，在第 3 章我介绍过他的一些理论，也正是从他那里，我了解到人的行为存在着这样一种自然、本能的倾向：人脑具有的图式营造功能，会带领我们"抄近路"寻找答案，除非我们有意识地去加以阻止，否则这种自然心理倾向就会严重影响我们解决问题的思路。之所以我们会有这种根深蒂固的本能倾向，因为大多数时候它都能高效地帮助解决问题。这背后有人自己的现实背景：每天我们都会面对许许多多需要做出回应的问题情境，而这些问题中的大部分只需要快速给出一个反应即可。比如，一天工作开始之前，你可能已经相当高效地处理了这样一系列日常生活中必不可少的例行问题：几点起床？穿什么衣服出门？几时出门可以避开交通高峰？今天去星巴克点一杯咖啡时是要中杯、大杯还是超大杯？如果在这些回避不了的细枝末节的小事情上，每一件都去深思熟虑一番，恐怕这一整天什么事情我们也别想干了。所以我们有时候还是非常需要大脑能带着我们"抄一些近路"，但这是因为此时既无持久的必要也不需优雅，只要效率。

但是，当我们需要开动脑筋应对更复杂的问题时，这种本能倾向很可能就把我们引入了歧途。前美国中情局分析师摩根·琼斯（Morgan Jones），曾引用过下面这样一个例子来说明人思维中的倾向是如何在我们努力试图解决问题时制造干扰的。有这样一段描述，请根据描述内容说出文中人是谁：

> 他上新一任总统，也是这个国家历史上最年轻的一位元首，在一月份的一个黯淡、寒冷的阴天宣誓就职了。新总统是在一个天主教家庭里长大的，他之所以能当选离不开他超凡的个人魅力。他受到这个国家人民的爱戴，在国家面临战争威胁时被推举出来临危受命。他将创造历史，他的名字将被载入史册。

我在讲座和班级讨论会上把这段描述读给我的听众，我请他们在心里有了答案时就举起手来告诉我。接受这个测验的人数算下来也有几千之众了，结果绝大部分听众在我还没来得及读出第三句时，就纷纷站起来告诉我文中所描述的人物是约翰·肯尼迪。不过，基于前两句描述，假使我说那个人是阿道夫·希特勒，也没有错。如果让欧洲听众来判断，他们给出的答案往往就会更偏向于正确答案“阿道夫·希特勒”。那么，这说明了什么问题呢？如果不用神经科学术语，更通俗地来讲，一旦大脑识别出一条输入信息即先前已有的某一图式的构成部分，于是便径直“跳”了过去，下意识跳到那个看似正确、似是而非的结论面前，将思考过程本能地简化了。而且我们大脑搜索出来的已有图式在功能上会充当一种心理过滤装置，允许任何有利于结论的信息通过，而过滤掉任何与结论相矛盾或者导向另一种可能性的信息。换言之，对我们来说，所谓“有意识”的思考和“有意识”的反应其实并非是那么自然的一件事情。本能并非自然。

这种现象实际是大脑补偿机制（“填充”行为）的一种体现。大脑的“主动”阻碍了我们更深入、更全面地进行思考的努力，除非我们愿意从这种本能的“填充动作”中逃离出来。举例来说，每当你在电视前坐下，很自然地就会抓起遥控器来对准电视机。这个过程你不需要过多地考虑或者选择，因为这个动作你已经重复过千百次，相应的行为图式已经烙在你的大脑里，为你避免了不必要的思考过程。但是，如果当你按下遥控器的电源按钮，瞄准电视机之后却没有任何反应，又将发生什么？我们中间大部分人可能都会尝试再按几遍，还会不停变换遥控器对准电视机的角度，直到接受遥控器确实出了状况的事实。不过，这种不行，还有别的，前仆后继，又一行为图式主动跳了出来：检查一下电池。所以你就打开了电池后盖——请注意，还不是替换成新的，而是在电池槽里把它们转一转，兴许是接触不良呢。这样还是不管用，我们才勉为其难地从沙发上挪起身子去找来新电池换上。如果这还是没用，大脑里的行为图式终于也帮不上我们了。不过，这才是我们真正开始思考的时候。

现在你也许会问，可这一切与解决的音像店问题又存在什么关联呢？第一，行为的倾向极有可能会误导你将时间都浪费在大脑补偿机制主动奉上的所谓解决方法上面，却很少将导致这种逃避倒带的行为出现的原因放在第一时间去考量。另外，图式的过滤作用也可能会导致你不予重视或者干脆忽略问题情境的四个前置条件。借助于图式对我们来说是更自然的一种解决问题的方式，因为更轻省、更容易，比起在限定条件下苦苦思索，更不用耗费心力。现在回到音像店问题上，你在解决这个问题时有没有问过自己：为什么会有人逃避倒带？你花了多少时间思考这个源头问题？对人们解决这个问题的思路有了多年的积累研究之后，我可以很确定地说，只有很少一部分人才会向自己提出这个问题。大部分人的做法都是先确定出一个答案，然后再对照问题情境尝试作一些看上去管用的调整。

第二，行为的倾向会直接导向采取行动。这种“立即行动”的倾向会导致我们走进一些相关的思维误区，进而导致不必要的增添行为，打破了问题情境原有的平衡，即“跑偏”了。举例来说，上面列举的10例最典型的解决方案中，就有许多其实只是将之前已经尝试过但未见成效的方法改个头换个面罢了，实质上大同小异：奖励、惩戒、提示以及提供倒带机。

行为的冲动促使我们更关注执行，直接跳向我们找到的解决方法，并让我们无视现实，断定之所以不见成效那是因为“他们做得不好，执行不力”。所以大多数人得出的方法都是小异大同的翻版，没有跳出同一个圈子。下次你在走道里等电梯去办公室或者去酒店房间时，记得数一数有多少人在明明看见你已经按过了上升键的情况下仍然还要伸手去再按一次。

在分析音像店客户逃避倒带行为时，如果懂得“掣手”，我们就能直指问题要害，开始向自己要这个问题的答案：为什么奖励、惩戒、提示以及提供倒带机都不管用？你会花多长时间去思考这个问题？如果你根本没有问过自己或者没有找出答案，我们往往会把一个更容易，却并不够理想的解决方案据为己有，因为那是我们能确实抓在手里的，并且能让我们“有所作为”的——因为“无所作为”会令我们心有不安。我们最终不可避免地只能得到无法持续的解决方法，既增加了成本，也将问题变得更复杂了。回头看看你就会注意到前面列举的方案中大部分都需要额外的技术支持，而且是不存在的技术，不仅违反了问题的前置条件，而且完全不现实。因为大脑太爱往前“跳”和做“填空题”,无意间取缔了关键事实的“发言权”，也因此阻断了我们去发现更优雅解决方案的可能。矛盾的是，这正是大脑的补偿效应——“填充”行为带给我们的另一种实际效应。

一并出现的还有一种现象，即倾向于降低在顾客中实现100%倒带率的前提要求，断言这是不可能完成的任务。然后很自然地，你在解决问题时就会自行放低了要求——变为让倒带率获得一定提升或大幅度提升，而非100%——然后宣布“成功”解决了问题。不过，熟悉美国足球规则的观众都会告诉你，进攻的球员如果只把球带到了97码处是不能算达阵成功的(必须是100码外的底线区)。所以你看，有了一，就有了二，我们不断增加或修改前置条件来本末倒置地适应我们为问题找出的解决方案，形同削足适履。“填添”之道是一种诱惑、一种陷阱，让人越陷越深而不知所以。

第三，也是最后需要提醒注意的一点，大脑的补偿机制极有可能导致你做出这样一种假设——让顾客自行倒带是指还回店里的录影带必须是倒过带的。但是我们设定的问题情境从来没有提到过这一点，即录影带在归还店铺之前必须被倒好。但是你的大脑却很可能基于你之前归还录影带的经验图式替你主动填补了这一条信息。我们要解决的只是录影带的倒带问题，至于何时倒带，从未有过任何明确规定。这个例子可以用来说明"概念跳跃"和"填充"是如何妨碍我们找寻优雅的。

将时间和注意力更多放在深层次根源问题的探讨上，往往就能让我们更准确地把握问题核心，也不会添出许多无中生有的假设（如果你细想一下，这其实就是一种减法过程）。逃避倒带问题真正的源头致因，其实只是因为那三分之一的顾客生性懒惰，更愿意将自己应尽的责任强加到他人身上。一旦你了解这一点，也自然就能明白为什么穷尽之前那些办法也发生不了多大作用：试问诸如奖励几美元这样一笔低回报率的生意，又怎能轻易动摇得了一个生性懒惰的人，让他们从此转性变得负责任起来？不过其实你大可不必在这上面花心思。所以，问题真正的关键还是要围绕着"不得不倒，不倒就别想看片子"这个议题来展开。而且以尽量降低解决问题的成本甚至实现零成本，不再额外增加顾客的负担为前提。

星光音像店最后是怎么来解决问题的？他们的办法很简单：改变原有规定，租出去的录影带一律都是没有经过倒带的，只需在盒带上贴上一个小标签，明确说明，录影带观看之前可能需要进行倒带。这种解决方案没有额外增加顾客负担——一台倒带机本就是顾客必备的，现在也没有变。改变的是倒带这一环节发生的时间和地点。如果你拿到了一盘没倒带的录影带，你自然就会在观看之前倒带。不过之前要求看完之后必须倒带的要求就省去了。小标签是低成本的小额投资，不会给音像店带来多大的经济负担。问题获得了解决。这是一种简单、持久的解决方案，监管上不需要过多投入精力，实际执行起来资金投入也少。

星光音像店再也不必自己进行倒带了。顾客对店内规定的更改也表示支持，因为之前他们来店里租片子时，肯定都希望自己借到的带子最好都是按规定倒过来的，省了自己的事，毕竟按规定这是顾客该享有的服务，但拿回去一看带子是没倒的，难免就有意见，但现在不会发生这种情况了。他们已经慢慢习惯了把原来最后要尽的义务提到前面来——看片前倒带，正好趁这个时间用微波炉爆个米花或者倒杯饮料，回来时片子也能看了。

当然了，当自动倒带功能的录像机和数字影碟出现之后，所有困扰过我们的窸窣烦恼都随着时代洪流一起不再复返了。不过，这种在确定的限制条件下界定出中心议题并巧妙找出可持续性解决方案的思路，却正是我们在优雅诉求道路上为达成心愿所必须练就的本领。毕竟，我们一生之中面对的大部分挑战都远远要比解决一个小小的逃避倒带问题复杂、困难得多。

超越思维定式的樊篱

解决逃避倒带问题的方法，和“共享空间”项目中篮升广场交叉路口的设计理念，两者具有共通之处，都体现了“掣手”哲学。这两种问题情境最后获得解决，都是通过将原有的控制系统拆除，基于“什么也不做”（指跳出大脑的补偿动作）的理念搭建了一种更能体现可持续性的组织和操作系统。录影带问题情境又另外凸显了诉求优雅之道的过程中会遭遇到两个主要阻挠障碍。第一是大脑补偿机制带来的“概念跳跃”和“填充动作”；第二是对填添行为的沉溺。前面列举的所有解决方案，或多或少要失败在这两点上。更甚至，即使已经明确给出了约束条件——这其实也是为了能将人们的解题思路引向一种可持续性的方向，然而，本能的思维倾向和填添之举却可能让我们寻找善法的出发点最后完全面目全非。

1978年被授予诺贝尔经济学奖的赫伯特·西蒙（Herbert Simon）曾在1957年出版过一本《人的模型》（*Models of Man*），著作中有他对人的决策制定过程的研究结论。据他所说，人倾向于跟随首个“可以接受的选择”。西蒙告诉我们，人的天性并不企望达到绝对的最优解，而以找到“满意解”为满足。换言之，我们都有一种倾向，安于“已经是足够好了”的方案，从各种抉择中选出一种可以高效推动我们最大程度上接近于既定目标达成的方案。这之后我们就会停止继续考量其他可行方案，包括那个让问题得到解决的最佳方案。完美的解决方案太难企及，差不多是不可能完成的任务，不值得大量投入精力，或者或根本没有这个必要——这种思想被我们完全合理化了，并接受下来成为行动指导。不过，寻求“满意解”的本能，其实同大脑补偿机制所带来的“概念跳跃”和“填充动作”以及填添行为都是无法分隔开的一体，是优雅诉求的重要妨碍因素。

为了说明“满意度”是如何影响人的决策制定过程，以及这种折中策略是如何成行的，来看下面的罗马数字方程式。假使数字部分是用一些木棍搭成的，加号和等号保持位置不动，现在让你来移动一些木棍对方程式进行重建使其变为一个逻辑合理的等式，不过需要满足木棍移动数目最少的前提条件，你的答案是什么？

XI+I=X（11+1=10）

大多数人几乎马上就得出了“一根木棍”这个答案。他们行动很快，立即就动起手来了，移动木棍的位置，满足于他们发现的X+I=XI（10+1=11）或者IX+I=X（9+1=10）这两个答案，然后就止步不前了。可这只是满意的答案，而且仅仅只是“够不错了”。如果你再静下心来想一想，符合“木棍移动数目最少”的“最佳”方案，其实真正理想的答案是“零”。可能吗？当然。把书倒过来再看看，原来的等式变成了什么。如果你不急于行动，保持头脑冷静，更全面深入地去考虑，尝试换一个角度来重新看待问题，而且你最终的目标就明确指向真正最理想答案而非删改条件来支持自己获得的“满意解”，此时优雅之道完全就是可能的了。尽管，我们要做的恰是要走向“满意”的反面。

那么，这一切与可持续性解决策略又存在什么关联呢？当我们“满意”了，就会忽视前置条件的满足，而正是这些限制条件凸显了矛盾，从而可以促使我们打破固有图式，打开如何看待事物的全新视角。在回答“什么是可能的？”之前，我们错误地提出了另一个问题“我们应该做些什么？”并且希望自己能够立即做出回答。我们需要找到一个答案，但却没有足够的耐性来等待最完美答案的出现，我们更偏爱“立即行动”而非“深思熟虑”。将问题情境中设定的部分信息丢开不管，继续“一意孤行”，或者以妥协的姿态将我们之前的方案不断调整来尽量贴合当前的问题情境。对于问题情境，我们缺乏全观视角，不能从一个有机性整体的角度来全面把握问题。结果就是，我们失去了与最佳解决方案、最优雅之法相遇的机缘。正如麻省理工学院的管理大师彼得·圣吉（Peter Senge）说的那样：“人类活动是整体系统……可我们却倾向于去抓住系统孤立的组成部分的印象，然后又困惑于为什么深层次的根源问题从来也得不到解决。”

20世纪90年代初，彼得·圣吉同哈佛大学的克里斯·阿吉里斯（Chris Argyris）开始对这一主题展开研究，两人重点关注的是可以对人看待问题的视角和认知周遭世界产生影响的思维定式，后来他们采用了由苏格兰心理学家克雷克（Kenneth Craik）在40年代首次提出的概念——“心智模式”来命名这种思维倾向。阿吉里斯甚至说，许多心智模式都有缺陷，原因就在于左右我们行动的大部分因素都来自于这四种意图：维持控制；效益最大化，损失最小化；对消极情绪的尽量回避；尽可能理性。他认为，之所以会这么行处事，原因就在于我们都有回避威胁或避免置身尴尬境地的本能需要——换言之，大部分人在做出行动之前都会进行防御式推理。阿吉里斯提出，一个人的心智模式会不断重复依照一种固定程序展开被他称作“推论阶梯”的思维过程。具体的运作如下：

当你开始接触某物，这就是登上了第一级；当你将自身知识背景应用于问题情境进行推论演绎，这是第二级；然后你作出假设，归纳结论，并形成信念；最后，你采取行动。不过，一旦你爬上了这只梯子，你的思维过程的走向会越来越趋于抽象化，也即越来越远离实际问题情境里面所包含的诸种现实。情境因素的弱化自然就导致你对“不是最佳”的决策最终失去抵抗力，变得易于接纳它们。而且，这是一种自我反馈、自我反哺的过程，会在你的头脑里对这些图式进行强化，所以下一次当你面对一种新的问题情境，从一开始你就会遭遇到这些图式所制造的障碍。这也正是引发先前我们讨论过的影响问题解决的跳跃式策略的原因。

为什么我们会如此轻易地被自己的心理定势所影响，而无招架之力？德国哲学家伊曼努尔·康德（Immanuel Kant）提出过这样的观点，他认为人的大脑看似万能，但是别忘了它无法提供给我们周遭世界的第一手资料，被造就出来时便不具备这种功能，所以，我们不得不总是从某一种特定视角去试图接近这个世界，自然就带有某种偏见，但同时也赋予它丰富多变的意义。这就意味着，思维定式原是我们每人看待世界独特视角的权威性代表，因此我们本能地依赖它们来为我们生成关于周遭世界的意义。不过，这些思维定式都是内置的，不受我们管理、不经我们分辨甄别，并且我们下意识地总是维护它们、对它们充满信赖。换句话来说，人倾向于只能看见他们所信以为真的，而这信以为真的便是我们各自的思维定式了。

为了研究人为因素可能造成的种种现实危机，伊恩·米特洛夫（Ian Mitroff）博士在南加利福尼亚大学创立了应急管理研究中心，他认为无论是在个体层次抑或群体层次上，非托管的思维定式都可能是毁灭性的。据米特洛夫分析，上个世纪80年代通用汽车在市场上的严重失利，便要归因于已经有数十年传统，多层级的但存有漏洞的思维定式所造成的，正因为已经借此叱咤风云了几十年，通用汽车公司才会把这些原则视为在任何时候都能制造成功的神奇公式了，具体体现在这几个方面：汽车是地位的象征，所以式样比品质重要；美国的汽车市场不受世界其他市场的影响；工人对于生产力或产品的品质没有重大的影响。直到已经丢失了大笔市场份额，通用公司才终于意识到了思维定式的可怕，但是为时晚矣。

如今的社会，一个非常现实的问题就是，现代人在工作中越来越离不开深度的知识水平，而且专注于某一特定领域之内——我们称之为学科专业知识，否则想在如今这个世界上寻一块立身之地很难。不过，这种专业知识也可能成为我们优雅诉求之道的障碍。专门的学科知识毫无疑问是滋生一切思维定式的温床，是保持客观性的大敌。心理学家亚伯拉罕·马斯洛（Abraham Maslow）就曾说过这样一句很形象的话：“如果你手里有一只锤子，眼睛里看到的就都是钉子。”我个人很喜欢的呆伯特企管漫画系列里就能找到这样一个场景，一群人围着桌子在开会，针对一个议题每位与会者都从自身专业出发提出了一种解决方案，各自的眼睛里都只盯着方便自己锤子下手的那根钉子。在最后一格漫画，一只默坐在会议桌末端的豪猪开口了：“看来我们必须要用身上的钢刺来定个你死我活了！就这么办了！”

但知识不是力量吗？好事怎么就变成了坏事？一个领域的专家学者难道不正是所我们仰赖的可以提供成熟思路的人吗？那就让我们来看一看事情究竟是怎么演变的。设想珍妮是贵公司一位有五年上岗经验、业绩优秀的销售人员。她出众的销售业绩都源自对于贵公司自产自销的软件系统的丰富知识。不过现在却出现了一个意外情况，珍妮同一位重要客户之间发生了严重争执。该客户已经扬言要解除与贵公司的合作往来，原因是珍妮坚持向他们推荐你们公司的软件系统并坚称贵公司产品完全可以解决他们遇到的所有问题，但该客户却在重复体验过几款软件之后，仍表示无法对结果真正满意。据他们投诉，珍妮表面上自恃对问题的处理公正决无偏颇，但在别家软件更适用的情况下，仍向客户强行推销自己公司的产品。很显然，一方面，珍妮丰富的产品知识帮助她跻身贵公司优秀销售人员之列；但另一方面，也是这些丰富的知识让她陷在了自己的思维定式里，盲目地对自己信心满满，看不见其他可能性，最后可怕的思维定式不仅可能损坏贵公司未来的销售业绩，而且还可能危及在业内的声誉。

美国芝加哥伊利诺伊大学的心理学教授斯特兰·欧尔胜（Stellan Ohlsson）博士就曾提出，虽深却窄仄的知识阈界会导致在面对问题时自然屏蔽其他不同意见。如果只是基于我们自身非常有限的知识背景来寻找答案，不去努力拓展眼界，结果不可避免地，我们总会表现得难以称职。据欧尔胜的观点，当我们在应对一个问题情境时，专业知识就是我们抓在手里的一只镜片，为我们解析现状，带来一种视角，我们都倾向于透过这只镜片来观察问题情境，依赖于它的解析来构筑出一种心智图像，也因此严重妨碍了其他截然不同的全新视角的形成，限制了我们可能的选择范围。不论如何费心竭力，也只是在我们自己高筑起的四面围墙里原地打转，禁锢于陈旧的思考方式，结果哪里也去不了，最后被拘在死胡同里，创新就更别谈了。

一群人坐下来把第一时间想到的新奇点子“一吐为快”的头脑风暴会议，一般情况下不用二十分钟就达到了枯竭点，所以依赖于知识背景的心智图像毕竟是有限的，总有用完的时候。到达了这个阈限之后，如果能继续保持创作的热情，以寻找最完美方案为终极目标，让与会专家们各自从自身的思路中暂作抽离，然后再整合思路重新出发，应该就会有不错的收获。

不过大多数时候专家小组一旦到了枯竭点便直接进入了总结阶段，评论磋商，各抒己见，优中选优，筛选出令他们都感到满意的方案，然后一致通过。所以你应该看出问题在哪儿了，没有清楚认识到最佳方案出现的时机，没有适当的解除樊篱的引导策略，虽是反传统的讨论方法，直接、非焦点式或者说开放式的头脑风暴也可能无法有效产生具有启发性的解决思路。除非坐在会议室里的是最大程度上覆盖了各种专业背景、知识经验的专家学者，否则一群知识背景相似的人坐一起开头脑风暴会议的话，只可能将思维定势放大，一味地新瓶装旧酒，最终你什么也不可能收获到。

1998年，美国匹兹堡大学的詹妮弗·怀利（Jennifer Wiley）进行了一项有趣的实验。实验是特别为研究这样一个问题而设计的：人们的专业背景是如何对创新思维发生影响进而制造障碍的。怀利挑选了一些职业棒球运动员作为一组受试对象，另有一组没有棒球运动专业知识。她把下面这三个单词同时呈现给两组对象：plate、rest和broken。要求他们找出一个常用单词，可以分别与三个单词构成有意义的词组。怀利预期的单词是home。结果，棒球运动员们也确实比非运动员一组更快地给出了正确答案："home plate"是棒球运动的专业术语——本垒，同时home与另外两个词也可构成意义词组。不过，在之后的第二轮测试中，她将三组单词中的rest换成了shot，呈现给他们是plate、shot和broken，设定的目标单词是glass，不再涉及棒球的专业知识背景。这一次，运动员们的反应速度远不及非运动员一组。据怀利分析，正是因为棒球专业知识背景的局限让他们的思路牢牢锁定在了home plate上面，难以摆脱这个词汇制造的障碍，反而限制了他们的思路。

你会发现前面我们举过的从显现不全的图案中形成"E"字母形象的例子里也存在这种情形。在我给出提示让你可以快速看到字母"E"之前，毫无疑问你看待那几条线的方式会有多种可能性，也许为了让图案形成一种意义，你还会尝试变换角度来看。但一旦你从图案中看到了字母“E”，再想不看见它可就没有那么容易了，它已经“钉”进了你的眼睛里。在我们解决逃避倒带问题时也正是因为遇到了同样的障碍，以致突破不了自己的思维——你的知识都来自以往的经验，所以你更难以摆脱旧有的思路，认为还回店里的带子必须是倒好的，倒带行为必须发生在看片之后。

那么，鉴于这些讨论，是不是就意味着对问题情境的相关知识掌握越少的人越有可能找到好的解决方法？不是这样，我们也不能让这种偏见有机会侵蚀自己的头脑。要知道，发现相对论的是物理学家阿尔伯特·爱因斯坦，而不是女演员梅·韦斯特。尽管穆罕默德·巴·阿巴埃本人并非什么热力学专家，但正是对于尼日利亚当地人困窘于食物短缺现实困境的切身体会，才帮助他设计出了被称作“沙漠冰箱”的罐中罐系统。相关知识经验是必须具备的，一方面，相关知识背景能让我们的思考更富有成效、精明深刻和合乎逻辑；但是另一方面，也是更为重要的，如果你仅仅依赖于自己现有的知识经验，你思考问题的视野将受到限制，无法大胆地拓展解决问题的思路。

到这里，我们要提出一个问题了，如何才能让自己超越思维定式制造的樊篱，让创新解决问题的能力提高到一个新的层次？当我们诉求优雅之道时，是否有什么方法可以有效帮助中和或者抵消大脑的补偿机制效应以及我们的填添倾向？我可以直接回答你，有。在“对称”那一章的讨论中，我们提起的“共享空间”项目操刀人本·汉密尔顿－贝利，还记得他就曾这样告诫过我们：“我们的工程师在作规划时会犯这样一个错误，多数时候我们所认定事物应该被安排处于的秩序，其实只是依赖于我们浅层次上的思维模式作出的一种一厢情愿的揣度虚设，并非从切实的体验出发得出来的理智判断。如果我们能先行有了充分的感性体验观察，再着手进行设计规划，如今我们为自己打造的这个貌似铜墙铁壁的牢靠世界里面有很多东西其实都不会贸贸然地出现在我们的生活里了。”

不过，我们还能为这段话找出另一种更简洁的表述，虽然这句话已经是老生常谈了——“三思而后行”。本·汉密尔顿–贝利真正想让我们明白的，是我们应该学会观察。说来容易，细想之下，你就知道并不是如你想象的一样轻而易举的事。我们太容易被自己抽象的思维所控制，反而忽略就在身边触手可及的现实。

去现场，亲自观察

2002年10月29日星期一，威廉·布拉顿（William Bratton）宣布正式就任加利福尼亚州洛杉矶市警察局局长，他的“破窗修补”工作也同时间启动了。这之前他已经是美国的“头号警察”，20世纪90年代中期，通过在执法工作中推行如今已经广为人知的“破窗理论”，曾短时间内令纽约市的犯罪率迅速下降。

1982年，犯罪学家詹姆斯·威尔逊（James Wilson）和乔治·凯林（George Kelling）以“破窗”为标题发表了一篇专题文章刊载在1982年3月号的《大西洋月刊》上，这是首次介绍布拉顿的“破窗理论”。之后，1996年，凯林同身兼人类学家和律师双重身份的凯瑟琳·科尔斯（Catherine Coles）合著出版了《破窗效应》（*Fixing Broken Windows*）一书。《纽约客》记者马尔科姆·格拉德威尔（Malcolm Gladwell）又在2001年出版的《引爆点》（*The Tipping Point*）一书中重点谈论了这种理论。“破窗理论”的意义就在于，它指出了犯罪会由小变大，警察的注意力不应该只放在重大刑事案件上面，而忽略了一些不起眼的小偷小摸的潜在危害，像是损坏公物、乱丢垃圾、街头涂鸦、乞讨，当然还有砸窗玻璃这种虽然微不足道却对生活质量已经实际构成损害的犯罪行为。

威尔逊和凯林最早发表在《大西洋月刊》上的那篇文章就用最寻常的砸窗玻璃这个例子提出自己的理论，文中说道："设想一下，如果一栋建筑物有几扇窗户的玻璃出现了破损，之后会发生什么？很可能就会被那些蓄意搞破坏的人又给你砸烂几块玻璃，最后，他们甚至可能破窗而入，如果这是栋无人居住的空屋，也许还会被一些不明身份的人私自侵占，甚至还可能有人钻进去放火。"威尔逊和凯林的主张是，这些微不足道的犯罪行为实际能在犯罪率的扼制上发挥四两拨千斤的意义。恶虽小，可是若听之任之不管不问，就会传递出一种非常坏的信号——即使搞破坏也不会有人管。结果这些破坏分子的胆子就会被放纵得越来越大，过不了多久，社区就会完全落入这些小流氓手里，成为他们可以为所欲为的地方，社区里的居民结果只能躲在家里不敢出声，或者干脆从这块乌烟瘴气的地方搬走。最好的办法就是防患于未然，这也是"破窗理论"要告诉我们的，重视监管那些"小动作"的无受害者的犯罪行为，一旦发生立即查办处理。

1990年威廉·布拉顿还在担任纽约交通警察局局长期间，也是在凯林的协助下，他开始对之前一直处于无人监管状态的地铁治安管理实施"零容忍"执法，无论逃票、乞讨、扒窃还是毒品交易，对过失和罪行不论轻重一律严惩。后来事实证明，那些因为逃票和扒窃行为被逮捕的罪犯，很多人身上都背着一宗大案子，是犯了重大刑事案件之后在逃的罪犯。这是布拉顿执法策略首次进入人们的视野。

1994年鲁迪·朱利安尼（Rudy Giuliani）在就任纽约市市长前夕出席了"破窗"警务战略研讨会，会议在提供政策支持的智囊团——曼哈顿研究所开了一整天，乔治·凯林就在该机构任研究员。上任纽约市市长之后，朱利安尼让布拉顿坐上了纽约警察局局长的位子，一场席卷纽约市的更大力度清剿"小动作"犯罪行为的执法运动开始了。在曼哈顿，当你在红灯前停车，总会有一些人跑过来强行用自己脏兮兮的抹布帮你擦车窗，然后强迫你给钱，这些臭名昭著的马路洗车人后来都被布拉顿关进了监狱。对那些毒品贩子，先搜身，然后以非法携带枪支罪收捕。街头涂鸦行为也被清理了，“破窗”得到了修补，乱丢垃圾行为也一概杜绝，在被警察列为重点监管对象之后，“小动作”犯罪现象急剧下滑。一天天过去，街区和社区治安状况明显改观，轻型犯罪逮捕的人数在上升，但重大刑事犯罪率却在急剧地下降，社区恢复了往日的活力。这场由朱利安尼和布拉顿主导的执法变革在落实之前，曼哈顿黑人聚居的哈莱姆区 125 号大街上找不到一家超级市场和电影院，没人敢在那里落户做生意。如今你会在这里看到“神奇约翰逊电影院”、别马克超市、著名服装品牌 The Gap 专卖店、邦诺书店、迪士尼专卖店，甚至还能找到美国前总统比尔·克林顿的办公室。

在治安执法上贯彻“破窗”哲学，满足了优雅的四要素，实现了优雅之道。布拉顿大力推行基于计算机统计分析来为执法资源的合理分配提供依据，并建立了电脑统计罪案数据库，对每周违法犯罪情况进行记录分析，以此为依据找出需要集中投入大量警力的犯罪高发地段。据该数据库生成的报告显示，某条街或某块街面犯罪发展趋势同大街区和社区的犯罪趋势呈现相似性。这种自相似性还可以继续上推至更大的某个城区以及整座城市。换句话来说，犯罪动向符合我们先前讨论过的分形对称特征。

执法收获的实际成果本质上体现了一种减法过程，不见了违规涂鸦行为，汽车停在路边不会再被砸烂玻璃，也不见了小流氓们游荡的身影，之前避之不及的地段重新焕发了光彩，人们开始趋之若鹜，定居下来平静生活，进驻商铺也开门放心做起了生意。布拉顿回避了需要投入大量资源的执法策略，而是将现有资源视作问题情境解决的前置条件，反而让他找出了一种可持续的解决方案，即将手中有限的资源集中到变革最需要的地方和会带来最大回报的地方，从而打赢了这场仗，而且赢得更漂亮更无可挑剔；同时由他注入的特殊组织文化和策略，让系统整体上发生了根本性转变，以至于纽约警察局的总体执法效率都是有升无降。这一策略为治安管理水平带来的多面向效应，让它成为名副其实的可持续性方案。

改任洛杉矶警察局局长之后，布拉顿一心一意要让当年在纽约市获得的成功在这块新土地上重现，事实证明他确实做到了。他的第一把火，就是将规模同纽约警察局没法比的洛杉矶警员队伍从办公桌前拉上了街。其实“破窗理论”的核心理念就在于对公共场所治安的维护，具体到执法办案时，被称作“社区警务”。“社区警务”被布拉顿用作应对、解决帮派问题的执法策略,黑帮是洛杉矶市最棘手的问题。他划定了三个最关键的“社区警务”执法地带，也是导致治安每况愈下的三个恶瘤：距离洛杉矶市中心不远的贫民区，这里集聚了一大批无家可归的流浪汉，大量的廉价住房给了他们一块可以遮风避雨的地方，这个区还因此得了个“五分钱”的诨号；麦克阿瑟公园，这里是毒贩子和非法移民经常出没的地段；还有好莱坞，尽管这个地区正尝试逐步恢复往日的辉煌，不过因为一帮阴魂不散的街头混混，这里已经走了几十年下坡路了。

“社区警务”背后的理念很简单：警官应当融入社区成为它的基本组成部分，在街区执行巡逻任务以获取关于重要现场和治安动态信息的详细、直接的第一手资料。这样一来，就自然加强了警官与社区群众的接触联系，经常深入到社区群众中发现问题、解决问题成为警察职责范围内的例行之事，促使他们更设身处地地保护公民的安全和服务于公民随时的需要。

“社区警务”背后的问题解决方法被称作SARA（S—“扫描”、A—“分析”、R—“反应”以及A—“评估”）。这是一种循环迭代的解决思路。这套方法之所以适用于洛杉矶警察局的执法办案工作，就在于这个系统对“观察”（扫描）给予了相当的重视，放在了基础性的位置，无论后续的分析或者评估，都是据此来展开。“观察”被置于此循环迭代系统的首位，从而保证了后面的行动阶段——“反应”下手更精准、更有力。因此形成了良性循环，使犯罪行为的清除更高效，犯罪率日益下滑。基于 SARA 系统的执法办法，使抑制和打击犯罪变得更具可持续性。换言之，“观察”可以有效引导洛杉矶警察走出在执法过程中可能由于大脑补偿效应和填添行为倾向所制造的误区。

2007 年 3 月，通过他的一位贴身智囊、副局长马克·皮瑞兹（Mark Perez）的引荐，我见到了威廉·布拉顿。皮瑞兹任主席的洛杉矶警察行业规范局，我曾有过接触，之前因为洛杉矶警察局同丰田汽车公司之间的知识共享项目，我有机会同这个拥有三百名员工的大集体一起紧密合作了几个月时间。项目合作期间，我对警察的执法办法、监狱的管理运作、笔录口供程序、侦查工作、毒品查处、内部人事管理、秘密线人处理办法、爆破专家小组的工作等一个系统内部的运作环节的认识都有幸提升到了一个更高的层次。我搭乘过他们执行空中巡逻任务的直升飞机，也接受过枪械使用培训。

在位于洛杉矶闹市区的帕克中心（洛杉矶警署总部），我有机会当面拜谒了局长布拉顿，一番交谈之后，我惊喜地发现他在执法治安工作中所贯彻的哲学，竟同丰田公司的工程师、决策人所坚持的理念不谋而合，也许正应了那句“英雄所见略同”。他们都坚持一个观点，不论什么工作，待在办公室里、坐在办公桌前都不可能是做事的正确方法；读几页报告，就下结论、定决策，也不是想把事情做好该有的正确态度。他们都坚持在眼见为实的基础上开展工作。假使布拉顿当初在纽约任警察局局长时仅仅依赖于送到他面前的报表来安排工作，可能他永远也不会想到将地铁圈定为纽约警察的治安重点，因为从统计数字上来看，地铁上的犯罪发生比例仅占整个纽约城犯罪总体情势微小的百分之三。如果真是如此，他可能就把将纽约地铁里那些提心吊胆的乘客们彻底抛诸脑后了，永远也想不起来去关照他们每日的出行安全。

布拉顿留给我的深刻印象，就包括他对第一手资料的重视，如果可能，每一个凶案发生现场他都会尽量亲临进行察看。最初就任洛杉矶警察局长的那段日子，布拉顿无论去到哪里做些什么，他都会带着助手随行，随时随地及时了解每桩凶案发生时的所有细节信息——他从不会坐在自己舒服的办公室里等着看下属呈上的书面报告。他习惯将电话直接打给那些赶到犯罪现场调查的办案人员，从他们那里了解第一手材料。

为丰田公司工作的雇员都知道，基于事实的解决策略和目视化管理是制定每一个决策的基础，真正的知识来自客户、生产过程和产品直接提供的清晰直观的第一手资料。不管是丰田，还是威廉·布拉顿，甚至阿瑟·柯南·道尔爵士笔下塑造的经典形象——大名鼎鼎的神探夏洛克·福尔摩斯，他们坚持的都是同一个道理。福尔摩斯一次刚刚赶到犯罪现场，就被搭档华生医生询问是否心里已经有了答案，他是这样回答华生的："在搜集齐所有证据之前就进行推理是一个严重的错误。人会无意识地开始剔除同时又留下相应的事实支持自己的推理，而不是找出那个可以解释所有事实的完美推理。"也许正是英雄所见，毕竟略同，在丰田公司，市场调研报告以及小组座谈会当然都很好，不过你只能从中得到"数据"，尽管数据本身可能也指向事实，不过却并不能取代亲临现场面对客户和雇员时从自身感官出发主动获取对问题情境的深入解读。假使你是在布拉顿手下工作的一名普通警员，情况也一样，你知道自己需要时刻跟进自己辖区的治安信息，不管你分管什么，唯一正确的工作方法就是亲临现场，不是只看，还要做到深入观察。

洛杉矶警察局里为召开计算机警务会议时专门留出的一间很大的情况室内挂有一块牌子，上面提了三个很简单的问题，也是每周例会讨论围绕的主题："他们是谁？他们在哪儿？他们是否已被逮捕？"当代表布拉顿主持会议的分管副手请各地区的负责人提供这些细节信息时，平时若没练就这一身深入底层的真功夫的话，那么他们可就要如坐针毡了。这些会议一方面是为了建立问责制度，另一方是为了引导和督促他们培养有效的执法办法、正确的执法态度。让地区负责人们能够意识到执法过程中仔细聆听、全面问询的重要性，最大可能从所有嫌疑犯口中掏出他们掌握的有价值的信息，不仅只是涉及当前办理案件的调查，还应该尽量支持其他案件的查处以及那些没有结果的悬案。一般说来，审讯过程和犯罪现场勘查，以及警员的侦探工作，其实既是一门科学，也是一门艺术——实际上，这么说，毫无夸张的成分。因为后来确实就发生了这种事，艺术成了用来培训纽约警察提升观察技能的工具。

如果你在某个周一无意间撞进纽约市东 70 街 1 号本该闭馆歇业的弗里克美术收藏馆（1913—1914 年由钢铁及焦炭工业家亨利·克雷·弗里克建造），很可能你就会在里面遇见十到十五名纽约警官，正在驻足欣赏弗里克 1919 年去世前最后购入的一幅油画——约翰内斯·维米尔（Johannes Vermeer）在 1667 年前后完成的作品《主妇和侍女》（*Mistress and Maid*）。这幅作品画的是社会身份悬殊的两个女人，主妇坐在一张小写字台前，旁边侍女正将手中的一封信递给她，背景是一片黑色浓郁的阴影。主妇垂下眼睛注视着侍女伸过来的拿着信的手，右手放在桌上，左手抬起触摸着下巴。也许你还记得我们前面讨论过的“non-finito”美学，有意思的是，弗里克美术收藏馆的工作人员在解说这幅画时就有这样一段描述：“维米尔的作品里经常出现写信、收信的人物形象，相应的人物关系在这幅画里被赋予了一种微妙的戏剧张力，捕捉到了两个女人之间某个神秘对峙的时刻。造型不完整的女主人面部（眼睛）和身体轮廓，以及相对简单的背景，都显示出这幅维米尔的后期作品没有最终完成。”

不过这些纽约警官们可不是专门来提升艺术修养的，也不是为了破获某宗艺术品盗窃案来此接受艺术绘画速成班的培训。他们到这里来的目的是为了培养、提升观察力，经弗里克美术馆前任培训总监之手设计的培训方案，针对新入职的警官，旨在磨炼出他们的火眼金睛。用助理总警监戴安娜·皮祖堤的话来说："在纽约，我们的日常工作就是应对并处理非常规事件，别人眼中的突发事件对我们来说却是家常便饭，所以我们期望能够通过训练让我们的警员在侦查工作中更有成效地收集到有价值的信息。"受训警官们被要求在给定时间内获取维米尔画中提供的人物、事件、地点、原因以及时间信息。据一位警官的观察结果，女主人惯用右手、经济富裕，另外她的右手好像已经松开了手中的笔。不过，他不太确定女仆的形象，便询问身边的同事，画中侍女是不是在笑，以及这笑的意味——他们是在判断画中人物是否正处于一种防御姿态吗？当这组人移步到埃尔·格雷科（El Greco）的《净化圣殿》（*The Purification of the Temple*）和威廉·贺加斯（William Hogarth）的《玛丽·爱德华小姐》（*Miss Mary Edwards*）前，他们进一步学习快速并全方位地对一幅作品进行观察和分析。

这种全观视角是学习观察和描述的首要环节，从前景到背景，不放过任何信息，接下来才谈得上分析和做出结论。通过这种方式拓展观察能力，有助于犯罪现场信息的收集和分析。一位警官就告诉我这样一个故事，一次他追捕一个嫌疑犯，疑犯为了逃避抓捕跳上了屋顶，但逃跑过程中不慎掉下来，又蹿进了人群里。因为经弗里克培训提升了观察意识，这位警官当机立断，并未盲目地尾随上去，他停下来观察附近整体地形，拓展自己的搜索视界，然后锁定了一辆汽车。早先经侦查已发现上面有疑犯留下的掌纹，借此他大概可以推测出疑犯的逃跑目的地，从而在心里重建了疑犯的逃跑路线，并最终帮助自己成功抓获了疑犯。

丰田企业的管理层，与威廉·布拉顿信守的是同一种信念，对全方位观察能力的能量深信不疑，甚至把它正式确立为企业工作的指导原则，并作为公司各运作层次上实际开展工作的具体方法。从实际操作上对这一理念进行严格贯彻，目的就在于培养员工从不同视角看待、解读问题和困境的能力，这同艺术家、雕塑家和摄影家必须具备的专业技能很相似，因为他们在面对创作对象时都需要从不同角度、不同方位进行细致观察，以此他们才可能让自己的作品最后传达出来的“真相”更具有直指现实的震撼力。日本词汇里有一个专门术语恰巧可以表达这种精神，即 genchi genbutsu（现地现物），粗略翻译过来，意思就是“去现场，亲自察看”。

在丰田汽车公司有一件有趣的事，通常设计师和工程师们在研究开发一种新品牌时，他们的工作方式完全就像一群卧底侦探。卧底总会将自己打入敌人内部，说他们说的话，做他们做的事，以此来获取信任，才可能挖掘出第一手的情报。丰田汽车的设计师也一样，为什么这么说？因为他们会完全复制潜在客户的生活方式，而且是不打折扣地亲身体验。

20 世纪 80 年代中期，为了给首批雷克萨斯豪华车品牌的设计工作作准备，丰田的设计团队也开始过上了同那些会下重金购买豪华车的客户们一样纸醉金迷的生活。加州拉古那海滩有他们租借来的海景房，在好几个月时间内，他们上明星聚集的比弗利山庄购物消费，去贝尔艾尔打高尔夫，吃豪华餐厅，晚上去富人们最常出入的夜总会消遣，就连出入的座驾都是梅赛德斯、宝马、凯迪拉克、保时捷或者捷豹。他们也没放过时常出没在富豪身边的男仆、球童、司机和宴会承办人，伺机从这些人身上搜集信息。对于日本本土的设计团队来说，这种挥金如土的生活体验完全是新鲜的、陌生的，因为在当时的日本国内，只有那些帮派头目才可能过上这种生活。没有辜负这一番“深入虎穴”，他们最终有了结论，明确了设计指向——“完美”，才真正是这群豪华车目标客户在购买行为中所追求的终极目标。

类似的情形也曾在营销人员身上重现过。新千年伊始，之前以宣扬个性的 Y 世代消费者为目标客户群的品牌营销首发失利之后，丰田营销人员为了真正了解这些号称“新千年公民”的 Y 世代消费者的独特品位和喜好，像他们一样频繁出入锐舞派对，学习欣赏先锋艺术，甚至跑去参加极限运动。一番“深刻”的切身体验之后，丰田市场人员终于开始意识到，对于这样一个会在自己身体上纹满图案、到处打洞的客户群体，要想成功把车卖给他们并且长期获得他们的青睐，就必须认识到这是以追求个性为生存目的的一代人，他们更崇尚自己定义创造、排斥大众化线路的广告片，喜欢接受定制的商品来满足他们彰显个人风格的需求。

丰田旗下针对年轻客户的新品牌赛恩，小巧、轻简，三种型号均轻松支持个性化定制，让你买到一部与众不同的个性化汽车。自 2003 年上市，短时间内便成为丰田销售最好的汽车品牌。这款车的基本款价值 15 000 美元，不过年轻买家们仍心甘情愿再加付一倍的钱为自己的车美容一番，装上碳纤材料的引擎罩、底车标、平板电视和高保真音响。另外，丰田还破天荒地不为这款车打广告，而是将汽车直接摆放在这群潜在买家经常出没的地点，让汽车有机会进入他们的视野，接受他们的观察和探索。

在丰田汽车生产车间，一位新加入的员工有时会被请进一个画在地上的圈里，然后被要求站在圈里对某一种工序进行细心观察，这就是以生产管理教父大野耐一命名的“大野圈”，是现场主义的一种演绎。大野经常在“瓶颈区”（一个流程中生产最慢的工站）的地面中央画上一个圈，然后要求一位流程工人站在圈内花一整天的时间目视作业流程，用心观察整个过程，指导他们观察和提问，一遍一遍地直到找出问题的根源。大野耐一相信，新思路和好主意并不能凭空而来，而是来源于对整个过程的真正了解。通常情况下，通过这种现场观察学习的锻炼之后，你能在最短时间内快速掌握整个生产过程，并开始看见问题以及缺陷。因为你站在圈内不能移动也不能采取任何行动，你开始询问“为什么会出现这种情况？”最后，你终于开始明白问题的根源在哪里。这之后，也只有在此之后，你才可能找出解决问题的方案。当听到走出大野圈的员工向他汇报之前观察到的所有情况、发现的问题和建议的解决方案——以及支持自己方案的“合理解释”时，大野耐一也只是会看着他反问一句：“真是这样吗？”

行动之前不忘必要的敏锐观察，透过表面现象看到深处的本质，永远不要轻易提供答案，只需切记要不断提出问题，大野耐一教会我们应该学会“驻足”，以及思考。

专注细节

周末去南非东海岸（也被称作狂野海岸）的特兰斯凯钓鱼，广告主管特雷弗·菲尔德（Trevor Field）在途中注意到有几名当地妇女一直守在一架风车旁，她们在等着起风，这样风车就可以将水库里的水提到高处的蓄水池。他很奇怪，蓄水池里怎么会没有水呢？走到近处察看之后，他发现原来风车下面的水池因为开裂已经蓄不住水了。两天后再次路过这个地方，那些女人们还站在风车旁守着。这之后，那幅风车和女人们的画面久久缠绕在他心里，徘徊不去，让他内心难安。

他意识到这个世界上的水资源问题已经非常严峻。超过十亿人喝不到干净的水，水污染是全球首要的致病源头，每天都会有接近 6 000 人死于与水有关的疾病。可是另一方面，丰富的饮用水资源就在三百多米深的地表下面，却因为缺少能够抽取、储存和净化地下水的相关设备而无法善加利用。

与此同时，走村串乡为南非偏远地区打井的罗尼·斯托伊弗（Ronnie Stuiver）也被自己在这个国家的所见所闻所困扰，令他感到沉重的是这里的孩子们空洞的童年生活。当他驾车带着钻井工具进了当地的一个村子，大大小小的孩子们全都会围拢过来看他工作，眼前新奇的一切完全把他们深深吸引住了。生活在这块落后土地上的孩子，他们从没有见过秋千架，也没有到过游乐场，不疲不竭的精力找不到发散的出口。罗尼在给抽水提供动力的手动泵的顶端装了一只旋转木马的小尺度模型，当孩子们让木马旋转起来时，水就能从地底深处被抽上来了。他希望这个小玩意能给孩子们的童年带来一些欢乐，帮助他们排解童年的无聊寂寞。这项发明的雏形被他放到了约翰内斯堡的农业博览会上进行展示。

也就在那个不寻常的日子，当特雷弗·菲尔德陪同自己的岳父一同走进这次博览会会场时，他对斯托伊弗设计的这款手动泵产生了极大的兴趣，那时他就清楚地知道，这只木马水泵还有更大的用处，可以帮助一些人彻底解除现实困境，就像那些守候在风车旁的女人们，再也不必苦苦盼着一阵风的意外降临。一个构想在他头脑里出现了，他设想构建出一个自给自足的水资源供给系统，另外还需要一个水箱，超大容量水箱除了蓄水之外，外体可以提供四块户外广告展位和支持发布公共服务信息，所得收入就可以用于维持整个系统的循环运作。所有这一切只需要孩子们发散一下他们天生充沛的精力，嬉笑玩耍之间抽取地下水所需动力问题便轻松获得了解决。他从斯托伊弗手里拿到了木马手动泵发明的授权，并成立了“游戏泵”国际公司，开展水资源系统的捐赠工作，免费提供给非洲农村的村落和学校使用。今天，撒哈拉非洲地区安装的“游戏泵”已经超过1 000个，截至2010年，接收到的安装申请也已达4 000例了。

优雅，无关稀有存世的高智商。不过，尽管优雅之道并不需要我们拥有阿尔伯特·爱因斯坦或者莱昂纳多·达·芬奇一般的天才，但确实离不开科学家们勤勉的探索精神以及对于细节近乎痴迷的关注，同时还需要艺术家们在各自的特定媒介所带来的无法规避的限制之下，不断突破革新、寻求新颖表现可能的独创性——画家是在画布的有限空间之内，雕塑家受制于一块大理石的天然情状和质地，作曲家只有八个音度的起伏变换，而作家的创作也只能基于那26个字母。人们正在越来越清楚地意识到这个道理。

著有《创意新贵》的美国著名学者理查德·佛罗里达（Richard Florida）就曾说过这样一段话："越来越多的人们正在开始以艺术家和科学家那种充满创意的方式开展工作和投入生活。"当你将手中所握的有限资源视作稀有而且珍贵的时——往往也正因为有了限制才有了创造思维的可能，并且不忘对创意和革新不竭的源头即观察环节给予相应的重视，可持续的解决方法便是你可以看得到的回报。

无论是物理学家理查德·泰勒在艺术家波洛克的滴画作品中发现的自然界的分形特征，还是表面错综混乱实则和谐一体的篮升广场交通状况所体现出的设计师对于"混乱"的重新认识，抑或莱昂纳多·达·芬奇因为独创了明暗渐进技法而得以为世人遗留旷世的杰作、FAVI公司的掌门人佐布利斯特大胆自信的"无为"管理模式、穆罕默德·巴·阿巴埃"沙漠冰箱"的本土设计，以及威廉·布拉顿的"小动作"犯罪行为打击策略，在所有这些优雅诉求的真实故事中，"观察"都是重中之重的关键性步骤，唯有此才可能抵抗大脑的补偿机制，有效避免填添行为。

事情的脉络大致已经很清楚了，如果我们能够懂得掣手、观察以及思考，种种功夫做到，然后再向自己提出最应当给予重视和关注的核心议题，对于人本能地急于抓住一个答案、继而再用自己的抽离思考填补周全答案的错误倾向进行反思并有意识地加以抵抗，这样你就会发现自己距离优雅之道已经不远了。尽管如此，我们还是必须时常提醒自己注意，往往是所谓的答案在消费我们的思考和想法，而非反之，因为从一开始接受教育，这便是我们学习运用自己大脑的方式——哪个懵懂的孩童，不是先从老师父母手里拿到了答案，再添补上自己的解释？也许，我们有必要再次重温一遍拉迪亚德·吉卜林（Rudyard Kipling）的那首小诗，《大象的孩子》（*The Elephant's Child*）：

我有六个诚实的仆人，
（我所知的一切皆来自于他们）；
他们的名字是“什么”“为什么”“何时”，
还有“如何”“哪里”和“谁”。
我把他们送离大陆，让他们远涉重洋，
我把他们送去东边，又送去西方；
不过，在他们为我尽职尽责之后，
我会让他们好好休息。

当初，参加“纽约客”漫画标题竞赛时，便是因为有这六位绅士的帮助，才有了那个让我脱颖而出的小标题。

不过到此为止，关于优雅，我还有一点要说。事实已经证明，甚至连我们的思想也同我们的行为一样，并不懂得适时“掣手”。因此，吉卜林这首小诗的最后一行——“我会让他们好好休息”，正是我接下来要展开的内容。很快，你便会明白，优雅是一种系统性的努力，从行为指向到心智完善，失一而无成。

IN PURSUIT OF ELEGANCE

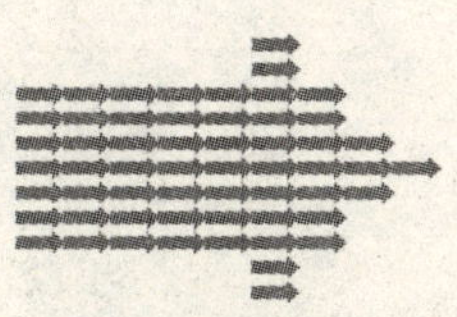

结语
向内探寻

IN PURSUIT OF ELEGANCE

一个漆黑的房间里，我放松自己、把身体安放在一只舒服的躺椅里，听着一首音乐。这首音乐，虽然奇怪，却有奇异的安抚力，风格像是一种新潮音乐，节奏变换起伏未定。在我的头皮和两个耳垂上都连接着电极，谱写这首起伏跌宕的旋律的正是我头脑里一刻不停歇的实时活动发送出的信号，以及此刻我面前电脑屏幕上显现的相应的变幻图像，看起来就像迷幻动态的屏保程序，生动的色彩、变幻的形状，不断跃动着划过显示屏。实际上，这些都是我输出的脑电波，基于大脑神经细胞活动发送的电子脉冲，经过数学算法转换而成的。这里是位于洛杉矶西部的一家叫“脑绘”的脑电生物反馈中心，我来此处是要解除内心的一个疑问：是否可以找到一种方式，可以体验以最轻松、最不着力的状态获取最具创意性的才思，那种无从捉摸、难以描述的经验？换言之，我正在试图寻找“寂静的优雅”的真实体验，以最小投入收获最大成效的终极“掣手”状态。

放空与灵感

在第 3 章，我已经向您提到过这位加州大学洛杉矶分校神经科学研究所的杰弗里·施瓦茨教授。在第一次拜访他时，我就对从他那里了解到的大脑的神秘运作产生了浓厚的兴趣。人的大脑如何仅凭一己之力完成图式的营造，以及当这些图式面对外界刺激的干扰时会引发什么效应，这些都吸引着我。这里要解决的问题包括：周遭世界中是什么在吸引和抓住我们的注意力，这些刺激信息如何在我们的头脑里营造出图式？不过在第一次与教授的交谈过程中，更吸引我的还是这样一个问题，如果我们自己有意识或下意识地试图打破这些图式，又将发生什么呢？也就是说，我非常好奇存在我们头脑里的可以激发灵感的内部刺激因素。

通过对那些成就非凡的人如何巧妙地抓住了优雅进行研究，一个很明显的事实就是，那些惊人的思维火花都有它们非同一般的特质。它们降临的时刻都有一些奇特，出现的场合也很随机，不按常理出牌。它们几乎从不会在你全神贯注、专心致志于寻找答案的过程中如期而至，反而会在你经历过亢奋、持久的奋战之后，暂时中断之时，毫无预期地意外降临。地点和时间的转换似乎对“突破”的出现有一定意义。我想问的是，为什么会这样？因为看起来这似乎可以作为支持我们探讨过的“掣手”哲学的有力证据，当然在这里，确切来说应该是“不想”策略。这一过程背后是否有什么确定的科学依据？

多数人都懂得抓住时机，当那些书写传奇色彩的灵感突然降临时，他们能够清楚地辨认出这正是那个他们期待已久的“我发现了！”时刻。阿基米德想到可以用排水法测量皇冠体积时正坐在澡盆里，狭义相对论是在爱因斯坦沉浸在“白日梦”中时找到了他，凯库勒（Friedrich August Kekulé von Stradonitz）是因为梦到一条蛇咬住了自己的尾巴才受到启发，继而想到了苯环结构。这些石破天惊的想法究竟是如何产生的，你越咀嚼其中的细节，越愿意承认，它们原来竟都无一例外地如此优雅。

1921 年，“电视之父”费罗·法恩斯沃思（Philo Farnsworth）还只是一个 15 岁的少年，一边犁地的他一边盯着犁过的一垄土地，就在这时他忽然茅塞顿开，想到了逐行扫描显示图像的主意，并在 5 年后运用真空电子管的知识将这一构想变为了现实，发明了第一台电视机。1946 年，还在康奈尔大学求学的理查德·费曼（Richard Feynman），在餐厅留意到了盘子在飞起落下的过程中，其旋转速度和盘子上的红色校徽的旋转速度之间存在差异，一步步引领他迈向量子电气力学领域，并最终凭借在这个领域的伟大成就荣获诺贝尔物理奖。1983 年，另一位诺贝尔获奖人，美国化学家凯利·穆利斯（Kary Mullis）正驱车行驶在加州高速公路上，聚合酶链式反应（Polymerase Chaim Reaction，PCR）突然闯入了他的头脑。1995 年，汽车设计师刘欧文（Irwin Liu）在辅导完孩子的科学作业之后绘出了丰田旗下第一代普锐斯的外观设计图。1990 年，作家乔安妮·凯瑟琳·罗琳搭乘从曼彻斯特开往伦敦的火车时，她的头脑里出现了哈利·波特的形象，甚至当时身上连纸和笔都没有，她却能精确构思出一部童话书里所有惊奇、超乎想象的细节。荷兰壳牌公司的工程师夏侯雅伯（Jaap Van Ballegooijen）看着儿子迈克斯为了把所剩不多的饮料从上窄下宽的杯子里吸出来于是将弯折的吸管颠倒过来用时，蛇形钻杆的想法跑进了他的脑袋。

所有这些“我发现了！”的动人时刻，都有一个共同点，那便是从埋头苦思中暂时脱离出来的沉静头脑。大多数的艺术家、音乐家、作家和其他创意工作人群，都本能地懂得一个道理，伟大思想的孕育离不开形式上的放空，不过这些中断和抽离的时间却是高效率和高创意阶段的重要构成部分。究竟何时、如何、为什么得到缪斯女神的青睐，一直以来都充满了神话色彩，埋藏于黑暗的密流里，直到不久以前，这个谜才被最终解开。不过，据现今对人类大脑如何解决问题进行研究的科学家们证实，“啊！我想到了！”这种动人时刻的发生，离不开在看似风马牛不相及的事物之间建立起关联的综合思考能力。而且，这个过程还不能缺少一个关键性因素，即一段时间内身体或心理从问题情境中抽离。最新研究显示，突破意义的灵感启示降临时，头脑往往正沉浸在另一项与主旨问题完全不相关的活动之中。压力不利于以新颖、不同的方式重组信息，但综合思考却是创造力的决定性特征。

在德国吕贝克大学，神经内分泌学家乌尔里希·瓦格纳（Ullrich Wagner）研究发现，最彻底的中断，睡眠实际上可以增加灵感闪现的可能性。在一项实验中，他将门萨测试题交到了受试对象手上，并提供了两个逻辑法则来帮助他们找出答案。不过，测试题目还可以通过另一个单一的而且更简单的未被公开告知的法则来解答，不过他们在解题过程中可能会自己发现。受试对象可以运用告知的两条法则来解题，进行几次练习之后，便会叫他们停下来休息。这期间有些人会打个盹，有些人则不会。重新回到实验的解题阶段，在睡过一会儿的人之中成功发现隐藏规则的比例要远远高过后者。乌尔里奇认为，人在睡眠期间，此前收集、暂存在海马体内的信息会在这里得到强化，促使大脑自我更新和重启，不断建立新的连接，形成新的联系——大脑皮质中的神经元接收到各种感官信息片断以及记忆信息，会被收集、打包传送给海马体，再通过海马结构转存入前额皮层，在那里合成为更高层次的思想。这个过程正是创造力来源的基础。结果，我们就有了新的灵感，并可能经历“我发现了！”那神奇的一瞬间。

尽管尚未有人能真正说清楚在这个过程中究竟发生了什么，不过这并不是最重要的，对于我们来说关键是要知道，当我们给自己施加压力，譬如拼命赶进度，强迫大脑苦思冥想，或者迫使大脑在更高强度下工作、更短时间内解决问题时，结果都只会事与愿违，更难尽早斩获新的灵感。有意思的是，反而当我们抽身离开，脱离问题情境的围困时，实际上却是在加速改造、转换过程的发生。

不过，当然了，让我们在工作进行中抽身逃离、半途中断，有些不切实际。且不论通常情况下若还有升职的计划，我们是绝不可能公然在工作期间打上一小会儿盹的，这种“蠢事”谁会干呢！另外如果被老板现场逮住我们在该埋头工作的时候却呆呆地凝视着前方某处发愣，反而可能传递出一种很糟糕的信号，让老板误以为我们现在的工作怕是太轻松了，不然怎会“闲”成这样！我们往往都不会把休息、中断视作价值创造过程的一部分，不会有计划地将这一阶段具体安排进工作的正式流程中。但是，为什么我们就不能实际地这么来做呢？

也许，那是因为我们太惧怕失败的缘故所以不得不绷紧神经，也可能只是因为担心会造成精神的懈怠更不利于尽早解决问题。正苦心孤诣于解决一个棘手问题，却半途撤退，这是有违我们直觉的，背离了人本能的行为模式。不知怎么，真这么去做的话，只会觉得不对劲，没有任何理由，便主动承认这是不对的、不该发生的。放松？那对背水一战的我们来说太可怕了，因为我们可能会因此丧失斗志、或者意味着已经主动放弃了希望。我们以为在我们孜孜不倦的追讨下，那刹那的光明必定到来，然而却迟迟不来，所以我们终于不得不开始质疑自己的创造力、素养和智慧，更加担心即使哪怕只是将眼睛挪开一小会儿，神经稍稍放松片刻，之前所有的投入和努力都可能在一霎那间统统付之东流了。“慢慢来”，本该是非常简单的一件事，可我们生活的这个现实社会却让这件简单的事变为了一件再也不可能轻松办到的事情。

所以，既然我们不能总是在行动上做到抽身离开，那么能否从精神的角度来实现呢？这正是我希望杰弗里·施瓦茨教授能帮我解答的一个疑问。

弃思

作为一名实践神经精神病学家，杰弗里·施瓦茨专门从事研究通过非药物疗法来释放、解除大脑里面会引发神经衰弱的心智图式。他是这个领域公认的权威，在加州大学洛杉矶分校（UCLA）医学院工作期间曾成功开发出一种治疗效果显著的认知–行为疗法（CBT），解除了强迫症患者的痛苦。那些有强迫性障碍的病人，也即被他称为被“脑锁”折磨的病人，因为某些脑结构的连接强化到了“锁”在一起的地步，无法解除对一个念头的专注，无法自然转移自己的思想，他发明的疗法可以有效扭转这种顽固的图式结构。

强迫症的症状表现有强迫性思维和强迫性行为。强迫性思维是侵入性的、不想要的、会带来苦恼的念头和心理图像，比如不能摆脱认为自己的手不干净这种念头。强迫性行为是妄图摆脱强迫性思维所带来的恐慌和焦虑以至于会反反复复做一些没有必要的动作，如重复清洗自己的手，因为总觉得手上还有脏东西没有洗净。不过，我之所以对杰弗里的治疗方法感兴趣，当然不是因为对强迫症有特别的兴趣，而是在于这种方法对心理图式的干扰作用。既然他能帮助那些深受思维偏执和心理障碍折磨的人解除“脑锁”，那么我想知道对于我们这些处于“半锁”状态的大脑，又能做些什么呢？

在第 3 章，我也曾提到过“公正的旁观者”这个概念，英国经济学家亚当·斯密首次在自己的论著《道德情操论》里面引入了这个词。斯密给出的定义是，“公正的全知的旁观者”，人具有站在自身之外观望“内在的自己”如何行动的能力。我们每个人身体里面都有这个“公正的旁观者”，杰弗里疗法，其实质就是通过教导病人以期让他们唤醒自己身体里面那个“公正的旁观者”。实际上，“公正的旁观者”这一概念与佛教讲究通过冥想找到的正念觉知在根本上别无二致。对于神经科学来说，这些佛教僧人也正是他们所重点关注和研究的一个特殊群体。

美国威斯康星大学麦迪逊分校的理查德·戴维森（Richard Davidson）自20世纪90年代便开始了对住在印度上达兰萨拉山洞中的僧侣的研究，以弄清楚禅修中的冥想对大脑活动的影响。从大部分经验丰富的坐禅打坐者（那些进入冥想时间达到或超过10 000小时的修行人，就会被尊称为大成就者）的脑电图结果来看，大脑阿尔法波和伽马波活动十分显著，高于一般水平，显示出大脑正处于一种被认为与灵感迸发的高创造力状态相关的独特脑波状态。

这项研究提供了很有价值的信息：既然行动上的抽离可能会受到限制或无法实现，那么我们还可以学习静置、抽离自己的心。竞技体育比赛中的高绩效选手都明白一个道理，往往决定谁胜谁负的关键性较量并不是发生在赛场上，而是心理战场，心理素质的高下比拼。放松、专注、心无旁骛，心理素质强大的人，一般情况来说，都是具备了足够底气能够最终脱颖而出的那个人。如果我们可以借学习“弃思”来完善我们的思维过程，这不是很妙吗？而且是多么优雅的一件事。

说到正念觉知，其实杰弗里·施瓦茨自己每日都会通过静坐冥想来寻求、体验这种境界。对此，我向他请教了实际的修行方法。我想，大多数作者应该都会有这种经验，我自己就时常需要忍受自己大脑的喋喋不休。如果这种时刻碰巧发生在某个午夜梦回之时，试图阻止头脑里千回百转、层出不穷的念头，几乎是不可能的事情。有时候也会有一些不错的观点出现，不过多数时候都只是一些相同的念头在翻来倒去、毫无意义地重复折腾。这种无谓的内心戏剧可能会妨碍我们专注真正关键性的点，所以我希望可以找到一种方法，能够中断这种没有意义的心理戏剧。不过我最终发现，竟再没有比“什么也不做”更难做到的事了。

僧侣们通过打坐冥想来获得正念觉知的传统早在几千年前便形成了，依循的方法也再简单不过。这期间，他们让自己静坐，吸气、呼气，并关注自己的呼吸，唤醒身体里的公正旁观者，不特别去思考任何事情，只是自外观察自己。你不觉得这听上去真的是很简单吗？下面是杰弗里·施瓦茨具体教给我的冥想方法：

> 房间要安静，让自己一动不动在椅子上静坐二十分钟，这期间只关注自己的呼吸。选择一个你可以确定不被人打扰的时间和地点来进行练习。关上门，减少外界的干扰。让自己舒服地坐在一张椅子上，或者交叉双腿坐在地板上，双手放松，搁在膝盖上。你可以闭上眼睛，也可以睁开，但要让双眼放松，不要集中盯着一点。将意念专注在鼻子的呼吸上面，你能感受到空气在鼻孔内呼出吸入的细微运动。现在，想象你可以“看到”你的气息在吸入、呼出，吸入、呼出。为每次吸气、呼气做一个标注，在心里默念：“吸气”“呼气”，或者只是简单的“吸”“呼”。
>
> 尝试专注于整个吸气过程，从开始到停下完整的时段。这期间心里要默念“吸气”，或者“吸”，随你自己选择。具体的字眼上不要过多在意，保持意念的高度集中，这才是关键。紧跟着，再尝试专注于整个呼气过程，从开始到停止完整的时段。这时你要在心里默念“呼气”。现在，如果你突然意识到自己的注意力不知何时已经从对呼吸的专注上游移开了，只要在心里再默默做一个标注即可，例如，可以是“散，散”，或者“动，动”，抑或“念，念”。然后放松下来，再次回到对吸气或呼气的专注上来，继续内观，并继续对整个内观过程中自己的意念专注情况进行标注。

每天必定有一个小时，杰弗里·施瓦茨会进行上述内容的练习。我总共也只坚持了30秒钟，思维便不知神游到哪里去了。“一个安静的心，”杰弗里说道，“关键是能放下内心的警觉和意志的努力，稳定维持这种放松的状态。心静下来，就达到了正念觉知，也是开悟的基础。”他告诉我，美国西北大学的认知神经学家马克·强比曼（Mark Jung-Beeman）已经研究证实了大脑活动只有处于放松状态时才可能灵感迸发。

面对问题时，人们会通过两种途径获得答案，基于理性分析、有意识地系统条理地寻找答案，另外就是依靠毫无前兆的灵感迸发。强比曼和他的研究团队试图弄清楚这两种途径对应的大脑活动情况。通过高密度脑电图记录脑电波活动，强比曼证实当受试对象依赖灵感迸发完成解字谜游戏，在“我发现了！”那一瞬间伽马波的迸发显著。不过在伽马波出现之前，是更平缓的阿尔法波，显示大脑处于放松却注意力集中的状态。佛教大成就者进入冥想时，记录下的也是同种类型的脑电波活动，只是活动水平更高。

当我对大脑神秘运作的探索进行到这里时，杰弗里向我提出一个建议。他问我，是否愿意看一看我自己的大脑活动情况，见识一下自己大脑产生的脑电波水平，是否对可以达到放松性警觉水平的另一种方式感兴趣。沉静的头脑，不仅能升起专注的意念进入到阿尔法波状态，而且这种脑波状态正是孕育灵感的“温床”，所以“内观”才会如此吸引人。这也是为何本章开始时，我会待在一间暗室里，头上连接着电极，采集阿尔法波活动并进而转化为形象视听信息的原因。

以最少的耗力，获得更惊人的成就

比尔·斯科特（Bill Scott），是在加州大学洛杉矶分校工作的另一位神经学科学家，同时也是“脑绘”的创建人。由他开发的“脑绘”疗法，如今世界上其他这种脑电生物反馈治疗中心都在使用，其中一些中心还会按照客户要求提供保密定制治疗，比如华尔街上的股票经纪人和竞技场上的职业选手，为了寻找帮助大脑找到自己的“意念专注区”便会来此寻医问药，通过接受治疗让大脑找到那种“感觉”。比如说，2006年世界杯足球赛场上勇夺冠军的意大利队，就曾在欧洲一家秘密提供这种治疗的脑电生物反馈中心“Mind Room”集体受过相关训练。斯科特答应了我的请求，占用他几个小时的宝贵时间带领我实际体验一堂“脑电生物反馈”拓展训练课程。

如果你也曾经历过这样的尴尬——为了一次公开演讲曾私底下反复操练过多遍直到自信堪称完美，然而却在真正站在观众们面前那一刻忽然忘记了自己的开场白，如果你也曾在关键时刻不可思议地错失了一次唾手可得的“gimme”式推杆，或是一场网球赛上到了决胜负的关键一球时却意外双发失误将赛点白送给对手，抑或发生了平时训练时从来不会出现的落网球失误，那么你就会理解因为无法放松而导致不能专注继而令自我怀疑侵蚀我们本具的圆满智慧，将会发生什么严重的后果。我们在比赛场上不是用力过猛就是着力不够，失误丢分、表现不如人意。不是做得太多，就是做得不够。我们的表现既不漂亮也不再优雅。

但是我们也都有过截然相反的经验——所有事情都一拍即合、水到渠成，决胜轻而易举，每当这种时候，我们的才思源源不绝，面对变化应变敏捷，我们信心满满、停不下来，谈笑风生、应对自如。竞技赛场上，这就叫“进入状态”。也再找不出更好的词来向你表述这种脑电生物反馈训练法所追求的目的了：无论任何情境，始终可以做到借由一种下意识的努力顺利进入“状态”，即使在面对自己的失误时也可以维持这种状态，所以无关各自的奋斗目标，但我们都能有所期待，让优雅在我们的诠释之下登上一个更高的层次，以最少的耗力，获取更惊人的成就。

比尔提醒我说：“你不要妄想迎头便能碰上它，扳动开关，然后直奔过去，不是那么一回事。实际上，恰恰与此相反。”我先前提起过自己平日酷爱骑车运动，所以他打了一个更容易让我听懂的比方来解释这个问题。“骑车时，如果你加速，你会命令自己的心脏说，‘接下来，跳得更快吧！’会这样吗？”不，我只会对自己的腿下这个命令。“那么，你会命令自己的肺说，‘现在大口呼吸吧，我需要更多的氧气！’会这样吗？”不，我再次摇头。“但是当你加速时，你的整个身体都会全力配合你，却不是因为你有意识地去命令了它们，而是源自你的大脑无意识地操纵。如果你能够渐臻完善大脑与此相关的功能，那么你就能提升自己的表现，不管你要去做什么，都同样适用。逃出自我的禁锢，然后你就会有最棒的表现，真的完全就是这么一回事。”听起来，这很像本书一直在探讨的主题——走出自我的禁锢。

他开始给我的头皮连接上电极，一边给我解说这种脑电生物反馈设备的功能和原理。比尔告诉我，脑电波有几种不同波长和活动频率，而脑电图即是通过电极采集并记录下脑电波发送的电流信号，再绘制出脑波活动的波形图。至于脑电生物反馈，也同其他大部分的反馈机制功用一致，它就像是一面镜子、一段你为自己录下的活动录像、一个旁观者，将你的行为表现真实反馈给你，为你进一步的调整、改进提供基本依据，同我们所熟悉的其他大部分系统的反馈机制并无二致。

不过既然是脑电生物反馈技术，实际设计中必然有其自身特殊性，从你的大脑采集来的电流信号形成脑电图之后会再经过软件转变成更易与你进行交流互动的形象信息，即表现心智和情绪实时状态的可视化和音频形式的反馈信息。这样，你可以通过收听转化过来的音频，也可以通过观看显示屏上的波动图像，来实时了解自己的心理状况与大脑之间的互动情况，因为所有这一切都是对你自己大脑里随时产生的各种波段脑电波的真实记录。然后你可以借此来学习管理自己的警觉水平，让脑电波活动维持在最佳状态。一旦这种技能被你掌握，心智水平得到完善，最终便会脱离这种有意识的操控管理，进入稳定的无意识状态，就如同我们骑车或者系鞋带，起初不熟练时还需要小心翼翼地处于意识控制之下，重复次数多了完全就可以摆脱这种意识依赖。

实际上，这种脑电生物反馈训练，以及奥运教练克里斯·卡米高的自行车训练法，两者的方法思路基本上是一致的。骑行练习时，我会随身带着心跳监测仪器，为保证训练目标顺利完成，我需要让心率水平维持在一定范围内。不过我并不直接对心率进行控制——我只是通过增加或降低运动强度来间接实现对心跳的管理。

接受过卡米高的野外测验之后，我了解到了一个规定心跳上限水平的精确数字，如果我希望运动中保持最大功率输出且不至于造成乳酸堆积——高强度运动下，肌肉会有火烧一般的感觉，那便是乳酸堆积于肌肉组织中带来胞胀感所造成的——我就必须得保证自己每分钟的心跳次数不能超过这个数字。对我来说，每分钟 172 次心跳便是最高上限了，也即乳酸堆积阈值相对应的心率。如果我在运动过程中的心率水平高出这个数字过多，双腿就会开始像火烧一样，此时呼吸运动已经满足不了肌肉组织对氧的需求，肌肉进入缺氧状态，很快运动强度便难以为继了。假使比赛中我要通行过一段 13 千米的山路，而且我希望竭尽所能以最快速度骑到山路顶部，那么，我就必须间接借由对蹬踩踏板的频率和每次的发力进行精确管理，来确保运动强度的心率水平不会超过 172 次 / 分钟太多。

脑电生物反馈训练法，也依循了同样的间接改造的方法论。基本的指导思想也是正念冥想背后支撑的理念——通过一点前行方法的引导，将心念导向一种内观状态，借此间接实现对大脑物理层次上的连接构造进行影响改造的目的。脑电生物反馈技术正是借由训练大脑熟练再造静态波放松状态，让你可以更自由进入这一阿尔法波状态，并因此为伽马波的迸发创造条件，也即“我发现了！”那一瞬间的灵感爆发。

不过，也有人对这种脑电生物反馈疗法提出了质疑，我自己也还有一些疑虑。走进一家脑电生物反馈中心，然后躺下来欣赏从自己大脑采集编写的阿尔法波舒缓音乐，就足以保证我们进入专注放松的状态？伦敦帝国理工大学行为和认知神经学院医学系的两位研究人员杜巴斯·英格纳（Tobias Egner）和约翰·格鲁泽利尔（John Gruzelier）进行了这样一项实验，他们以皇家音乐学院的学生为实验对象，研究脑电生物反馈疗法对他们的相关行为表现是否会产生影响。实验对象分两组，一组将接受脑电生物反馈疗法，另一则不接受。实验目的在于对比治疗前后其对行为表现施加影响的程度。两组学生都需要在皇家艺术学院教职人员面前演奏15分钟长度的音乐作品。演出会被录像，然后两组学生的演出录像带会被混在一起打乱顺序，交到四位评委手上进行打分。四位评委不是音乐学院的教师，并不认识这些学生，也并不清楚其中哪些接受过脑电生物反馈训练、哪些没有。评分基于一套针对表演技能评判的专业标准进行，略作修改，满分为10分。这之前，接受反馈训练的一组曾在5周时间内接受了10次、持续时间为15分钟的训练课程。这期间两组学生都准许继续练习他们的演出曲目。结果显示，反馈训练前后的表演成绩出现了很大的反差。脑电生物反馈治疗组在整体演奏水平、风格特征把握、音乐理解力和作品诠释上与未接受治疗一组的成绩比较，有15%的提升。后一组在练习期间与正式演出时的表演水平相比较没有明显改善。当更换一批学生作为实验对象重复上述实验时，还是得到了同样的结果。

开始进入治疗之前，比尔·斯科特先让我玩一种游戏，名字叫做行为游戏。这是一个同时要求准确度和速度的游戏。游戏设计的目的就是为了帮助个体找到自己的阿尔法波状态。玩法其实非常简单。我需要将一副扑克牌大小的图片从屏幕左方移至右方并穿过屏幕右边的一条终点线，速度要尽可能做到最快。扑克牌上会随机闪现字母L、R和P，分别代表“左”“右”和“停”，这是针对鼠标设计的任务环节。当L闪现时，我便要点击左键；R闪现时，击右键；P闪现时，什么也不用做。我最多有9分钟时间来完成任务，将图片从左边移到右边并越过终点线。如果正确按照提示字母点击鼠标，扑克牌就会往前移动1.6毫米，如果我愿意可以加快游戏速度，游戏会按照你的反应速度提升显示速度，就是说你提速，游戏也会提速。可一旦我点错了键，扑克牌也会相应退后一步，出错就会受到惩罚，正如这个现实世界的游戏法则一样残酷。

这是一个简单的不能再简单的游戏了，规则容易掌握，上手快，不要求多高的智商，也不需要什么专业知识和特殊的技能。我真正需要面对和克服的是我自己。我是完全的唯一的掌控者，控制自己的反应，甚至控制游戏的进程快慢；我没有一个竞争对手必须与之抗衡，也没有任何人会施加压力给我，除了我自己。这可不是让你为了争夺大师赛冠军在万众瞩目的情况下必须准确完成一次 3 米推杆。所以能有多难呢？开始的时候，我玩得很顺手……

左—右—左—右—左—左—停—右—右—停—停……小菜一碟嘛！我决定加速，不如来点刺激的。感觉还不错嘛。我要破纪录！再快一点。糟糕，点错了。深呼吸。怎么回事？这可不是我想要的。还是慢一点吧……不错，不错。嗯？疏忽了。真是蠢到家了，怎么会把 R 看成了 P 呢！好，好，别想这个了，不过可不能再这么大意了！现在快点，打起精神。好，就这样。快了，快了，胜利在望了。加快一点。啊！笨蛋！怎么又出岔子了！总是这样，总是这样！这么简单的游戏！到底怎么回事？什么！又错了！继续，继续。错啦！不干了！好吧，现在慢一点。关键是要能慢下来，马修，你终于不出岔子啦。要真正地慢下来。不要疏忽大意。别想这些了，要专心。右—停—停—停—左—左—右—停—停。怎么那么多的“停”？继续来。好，不错。现在可不会犯错了，如鱼得水啊。深呼吸，放松。不着急，不紧张……这也太容易了……该死！老毛病又犯了！好了，成功！

整个过程，我已经尽我所能地做到全神贯注了，但是让我不断分心、频频出错的原因却是我自己——我的失误以及我难以中断的自言自语，我几乎无法停下与另一个自己忙忙碌碌的对话。有一两次，我明白告诉自己该点哪个键，手却去点了另一个错的。当自己对自己施加越来越大的压力，我掉入了一个恶性循环里，表现越来越差，结果只有高度集中意念才能回归正常。

图 J—1 清楚展示了我在整个游戏过程中的行为表现。

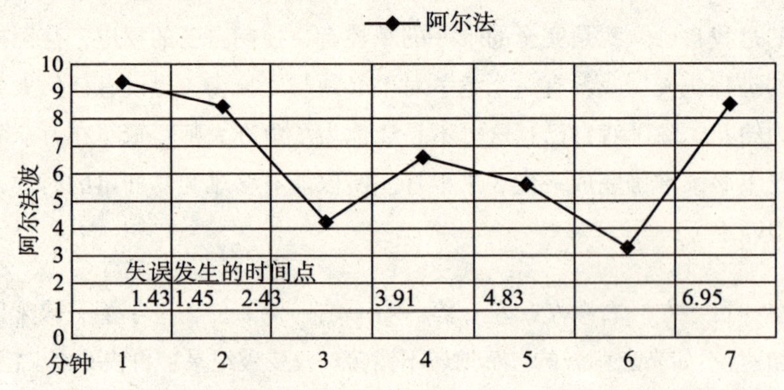

图 J—1 马修的“行为游戏”失误阿尔法波形图

对于这个图表，要这么来读：你只需注意这样一个细节，当我开始出现失误时，阿尔法波水平就会急剧下降；而你看到的阿尔法波线呈上升态势，是我犯错少的时候。不过，从图表来看，最开始时我出现失误的情况最少，这就显示出此时的阿尔波水平可能就是我的理想状态。必须提醒你注意的是，不要简单地认为“阿尔法波幅高时好”或者“阿尔法波幅低时好”。游戏行为分析的目的就在于帮助个体找出能够带来完美表现的阿尔法波水平。这是个很简单的游戏，并不激烈刺激，然而不该小觑它，因为很具有启示性，至少对我来说是如此。

行为游戏只是我这次探访脑电生物反馈中心的第一步体验。下一步，我就要开始接受 20 分钟左右的反馈培训课程，斯科特将带着我进行一项想象练习。在他的指导下，我闭上眼睛进入了一个心理场景，又睁开眼走出来，再闭上眼进入另一个场景，直到那个“对”的可以帮助进入阿尔法波状态的场景出现。然后在斯科特的引导下，我集中注意力，开始想象四岁时候的自己，专注于这个小男孩的形象。我看见他了，手里抓着一袋水果糖，胳膊下面夹着一只磨得很旧了的泰迪熊，坐在马路旁边的栏杆上，他在等着爷爷呢。这一次比尔一边监测脑电图反馈的实时脑电波水平，同时让我不要停下、继续集中意念去“观察”这个四岁小男孩，并且试图进入得更深一些。

于是，我就开始想象那个四岁的自己可能在想些什么，他是怎么在看待感觉这个新鲜的世界，和他无忧无虑的生活。然后比尔让我看了电脑显示屏上的动态图案并欣赏了一段音乐，波动的图案和音乐都是基于我实时产生的脑电波经算法转换产生的。这种“脑绘”技术可以帮助训练你的大脑停留在阿尔法波状态之中。基于屏幕上的反馈图案，并试图再现它们，方法是将意念集中于之前在想象练习中所发掘出的可以产生阿尔法静态波的心理场景，你的大脑的警觉水平便得到了重塑。我在下面阶段的训练目标便是藉由重新去寻找那个四岁的小男孩的形象，尽力让自己的脑电波输出能够再度吻合我在这项场景练习中的反馈图案。这个过程至少需要二十四个疗程才可能收到显著的效果。这种方法的不断训练强化，最终可以帮助我顺利找到自己的放松性警觉水平（大脑产生阿尔法波时的状态）。

这一阶段最不可思议的部分，是比尔·斯科特对从我头皮实时采集到的脑电波信号的转换，他是如何办到的，通过“脑绘”程序软件将单调的波形图转换成了另一种具有更丰富表现力的载体媒介？“脑绘”，在表现力上同其他反馈技术之间存在相当大的差别。比尔·斯科特最初设计时就是希望能够找出一种方法能够充分传达、诠释出人的脑电波活动所实际体现出的高度复杂性。在他开发出“脑绘”算法程序之前，脑电生物反馈系统仅能反馈脑电波活动的线性参数信息——也即频率以及振幅。换言之，你只能在屏幕上看到一条单一的波形图，显示在一个简单的x-y二维坐标轴上。“这就好像试图用一个三角形来诠释自然界里的一座挺拔雄伟的大山一样。”比尔说，“脑电波的活动轨迹也并非二维的线条。”记得建筑师萨拉·苏珊卡也曾表达过非常相近的意思，仅凭二维的平面布局图如何能决定一个舒适的立体生活空间？

比尔希望最终提供的反馈信息能够包纳脑电波结构层次上的全部参数。换句话来说，为了更真实地描画出大海的模样，除了简单记录下一些诸如浪有多高、多久冲刷一次海滩之类的线性参数之外，他还想提供类似一个冲浪者与水面相接触时可能体验到的所有细微差别的生动信息：水面曲率、水流速度、错流、水下逆流、涡流、地理位置、容积以及水温等等。不仅如此，除了准确捕捉到“形”之外，比尔还希望能够抓住这些实时变动的自然形态的“质”。所以他开始尝试寻找一种更好的可以满足这些高要求的方式，藉由这种新的反馈媒介，让脑电波的非线性形态信息能够得到最佳的实时提取和传递。最后，只有一种媒介可以办到这一切，即分形。正是那些基于简单的自重复法则，从一片嘈杂中升起了秩序性美感的，细节丰富精密有序的对称性几何形体。

图J—2截取自我在“脑绘”阶段采集到的脑电波反馈图案，处于这个阶段时，我可以实际摆脱旧有警觉水平的限制，也就是说，我正处于接近杰弗里·施瓦茨所说的“稳定的放松性警觉水平”的状态里。尝试去重现这幅图中的图案，也即我在“脑绘”之后的下一个训练阶段要反复进行的练习。你需要注意的是，此图案不仅仅只是呈现出了左右对称性，而且还具有分形特征——如果你往近处看小尺度上的构成部分，你就会发现小尺度上的结构与整体形态存在一种自重复的相似性。

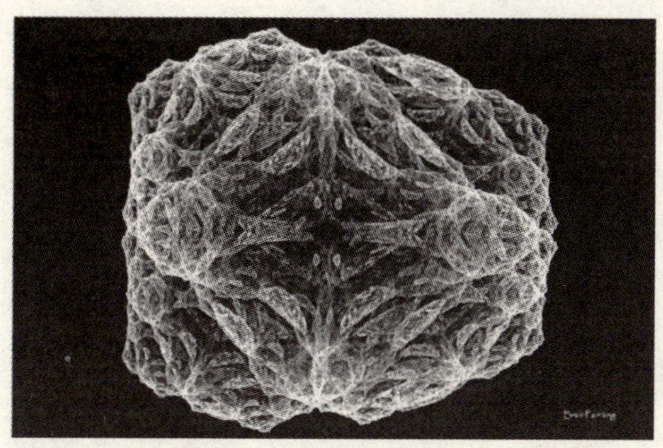

图 J—2　脑电波反馈图

我不觉得这个发现是多么不可思议，或者不可理解的一件事。脑结构毋庸置疑是具有对称性特征的构造，众所周知我们左脑和右脑是对称的。大脑内负责传递信息的神经元、树突细胞都是生长在典型的分形环境中，具有和一棵树的枝干和根系完全一样的自重复对称性特征。也许牛津大学的彼得·阿特金斯（Peter Atkins）教授更能道出这其中的关键，他曾写过这样一段话：“我不知道分形图案是否与人脑的真实结构之间存在着某种关联。但一幅分形图案高度的丰富性，必定引起了我们大脑内部的神经元回路的共鸣，并激发出了每个人在面对分形图案时都会深有体会的一种愉悦体验。”

所以现在，我们又回到了原点，这趟优雅诉求旅途最初开始的地方。看起来，我们每个人都在某种程度上拥有部分“杰克逊·波洛克”的潜质，只不过这个人将这种潜质挖掘出来并发挥到了淋漓尽致的地步，结果像一面镜子让我们在他的作品里照见了自己。

正要离开脑电生物反馈中心时，我突然想到，思虑不足与思虑过多其实只有一线之差。而优雅与否，全在这条线上。优雅之道，即是学会始终不偏不倚、稳当地在这条钢丝绳上走下去。

译者后记

这是一本“优雅”之说。何谓优雅？何以要如此大张旗鼓地宣讲“优雅”？因为事实显示，“优雅”对于修正现代人行为境界的意义越来越不容忽视，这是一种积极的趋势，而作者马修·梅适时承担起了这份责任。

就在近几年，大众其实已经清醒认识到了“优雅”不可估计的能量，这都要多谢乔布斯的苹果世界，iPhone 智能手机概念从某种意义上完成了“优雅”的普及性教育。

作者首先从“留白”说起，其对我们来说应该并不陌生。留白，或者老子的“无之以为用”之论说，这些古人所高视的境界和智慧，藉由一个美国作家的深入思考探问，如今又重回我们眼前。但是作者梅写作思想的发起点是日本文化，而非中国，虽然中日文化本属一脉相承——有时候，天真往往是文化得以传承的保护膜。作者曾任丰田汽车公司的特聘专家，得以浸淫东方文化多年，这本书即是他以西方人的理性思路努力向东方玄学靠近的一次尝试。

我们亟需这样一次梳理和贯通。长久以来，我们的筋脉一直处于堵塞的状态，需要打通。在翻译这本书的过程中，有一种感觉，我可以时时照见自己的传统。虽然作者的研究覆盖广泛，深入历史并跨越多国，涉及艺术、建筑、能源、交通、管理等领域，但始终觉得亲近，我知道，因有自己的文化传统在一路护航。但不可因此就轻视作者的努力，作者的梳理和缜密的论述已经将“优雅”提升到了人性的层次。当然佛说人无自性，或者“天性”这个词更合适一些。天性，简单来说即是不违自然。长久以来，人以恐惧、不自信和不清静的精神状态面对这个世界，从个人到世界，层出不穷地制造出纷乱，调息之法、解脱之道，就是优雅。

译者的朋友高先生，自 2010 年起，以 @tango2010 此账号在微博平台上开始了他的“一日一画”创作，三年内利用工作闲暇不断坚持，至今累积了大量人气，给许许多多人带来了不可多得的欢乐。他的画作曾被很多主流媒体转载过，如果你看过他的画，自会惊叹其画风的优雅——正是“不着力而有力”:“对称”的和谐隐匿于中，无限的想象空间来自经由“精减”所实现的异乎寻常的简洁，“不朽”的“诱惑”力更不消多说。作者梅写作这本书的本意，也在于此。“优雅”不该束之高阁，应是每一个人都可以去领悟和躬身实践的人生境界。

最后想简短地向几位朋友致以谢意：

首先，多谢高幼军先生允许我在这里提起他的故事。一直合作的王旭泉老师，感谢他的介绍让我结缘这本书，借由此书，本人近年来的一些思考也获得了一次梳理。

另外，我在翻译此书期间暂住于上海黄浦一民国旧居内，书中也提到过它，一栋住宅的高度不超过四个楼层，人日常居住才可享受与地面生态生机勃勃的天然互动关联。三楼阳台外便是梧桐，夏天郁郁葱葱即是天然屏障，入夜之后街灯也只可稀薄透上来，丝毫不影响上方夜空的明净。所以，这里要向徐冠莹阿姨一家致谢，在如此优雅的环境内完成了此书的翻译，也是一种缘法。还有多谢常洋老师的帮助，以及必须要感谢湛庐文化编辑们的辛勤付出。

湛庐，与思想有关……

如何阅读商业图书

商业图书与其他类型的图书，由于阅读目的和方式的不同，因此有其特定的阅读原则和阅读方法，先从一本书开始尝试，再熟练应用。

阅读原则1 二八原则

对商业图书来说，80%的精华价值可能仅占20%的页码。要根据自己的阅读能力，进行阅读时间的分配。

阅读原则2 集中优势精力原则

在一个特定的时间段内，集中突破20%的精华内容。也可以在一个时间段内，集中攻克一个主题的阅读。

阅读原则3 递进原则

高效率的阅读并不一定要按照页码顺序展开，可以挑选自己感兴趣的部分阅读，再从兴趣点扩展到其他部分。阅读商业图书切忌贪多，从一个小主题开始，先培养自己的阅读能力，了解文字风格、观点阐述以及案例描述的方法，目的在于对方法的掌握，这才是最重要的。

阅读原则4 好为人师原则

在朋友圈中主导、控制话题，引导话题向自己设计的方向去发展，可以让读书收获更加扎实、实用、有效。

阅读方法与阅读习惯的养成

（1）回想。阅读商业图书常常不会一口气读完，第二次拿起书时，至少用15分钟回想上次阅读的内容，不要翻看，实在想不起来再翻看。严格训练自己，一定要回想，坚持50次，会逐渐养成习惯。

（2）做笔记。不要试图让笔记具有很强的逻辑性和系统性，不需要有深刻的见解和思想，只要是文字，就是对大脑的锻炼。在空白处多写多画，随笔、符号、涂色、书签、便签、折页，甚至拆书都可以。

（3）读后感和PPT。坚持写读后感可以大幅度提高阅读能力，做PPT可以提高逻辑分析能力。从写读后感开始，写上5篇以后，再尝试做PPT。连续做上5个PPT，再重复写三次读后感。如此坚持，阅读能力将会大幅度提高。

（4）思想的超越。要养成上述阅读习惯，通常需要6个月的严格训练，至少完成4本书的阅读。你会慢慢发现，自己的思想开始跳脱出来，开始有了超越作者的感觉。比拟作者、超越作者、试图凌驾于作者之上思考问题，是阅读能力提高的必然结果。

好的方法其实很简单，难就难在执行。需要毅力、执著、长期的坚持，从而养成习惯。用心学习，就会得到心的改变、思想的改变。阅读，与思想有关。

[特别感谢：营销及销售行为专家 孙路弘 智慧支持！]

我们出版的所有图书，封底和前勒口都有“湛庐文化”的标志

并归于两个品牌

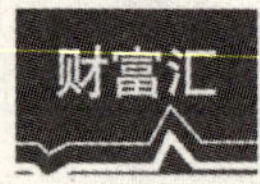

心视界

找“小红帽”

为了便于读者在浩如烟海的书架陈列中清楚地找到湛庐，我们在每本图书的封面左上角，以及书脊上部 47mm 处，以红色作为标记——称之为**“小红帽”**。同时，封面左上角标记**“湛庐文化 Slogan”**，书脊上标记**“湛庐文化 Logo”**，且下方标注图书所属品牌。

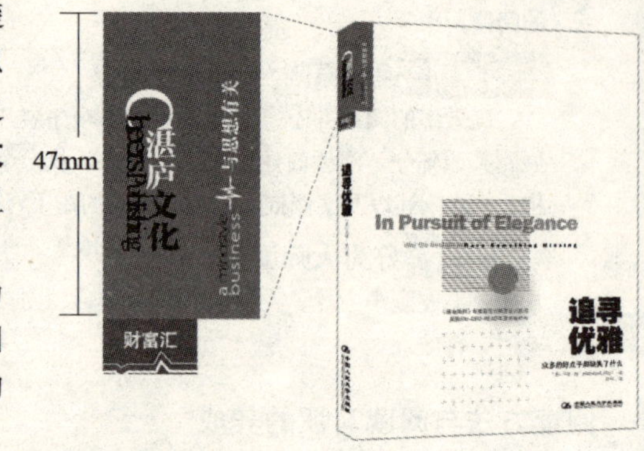

湛庐文化主力打造两个品牌：**财富汇**，致力于为商界人士提供国内外优秀的经济管理类图书；**心视界**，旨在通过心理学大师、心灵导师的专业指导为读者提供改善生活和心境的通路。

阅读的最大成本

读者在选购图书的时候，往往把成本支出的焦点放在书价上，其实不然。

时间才是读者付出的最大阅读成本。

阅读的时间成本=选择花费的时间+阅读花费的时间+误读浪费的时间

湛庐希望成为一个“与思想有关”的组织，成为中国与世界思想交汇的聚集地。通过我们的工作和努力，潜移默化地改变中国人、商业组织的思维方式，与世界先进的理念接轨，帮助国内的企业和经理人，融入世界，这是我们的使命和价值。

我们知道，这项工作就像跑马拉松，是极其漫长和艰苦的。但是我们有决心和毅力去不断推动，在朝着我们目标前进的道路上，所有人都是同行者和推动者。希望更多的专家、学者、读者一起来加入我们的队伍，在当下改变未来。

湛庐文化2008-2012年获奖书目

《正能量》

《新智囊》2012年经管类十大图书，京东2012好书榜年度新书。
35年职业经理人养成心得，写给有追求的职场人。
聆听总裁的职场故事，发掘自己与生俱来的正能量。

《牛奶可乐经济学》

国家图书馆"第四届文津奖"十本获奖图书之一，唯一获奖的商业类图书。
搜狐、《第一财经日报》2008年十本最佳商业图书。
用经济学的眼光看待生活和工作，体验作为"经济学家"的美妙之处。

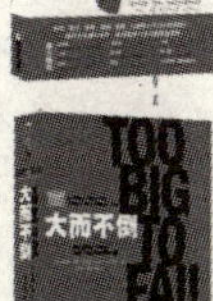

《清单革命》

《中国图书商报》商业类十大好书。
全球思想家正在读的20本书之一。
一场应对复杂世界的观念变革，一部捍卫安全与正确的实践宣言。

《大而不倒》

《金融时报》·高盛2010年度最佳商业图书入选作品。
美国《外交政策》杂志评选的全球思想家正在阅读的20本书之一。
蓝狮子·新浪2010年度十大最佳商业图书，《智囊悦读》2010年度十大最具价值经管图书。
一部金融界的《2012》，一部丹·布朗式的鸿篇巨制。

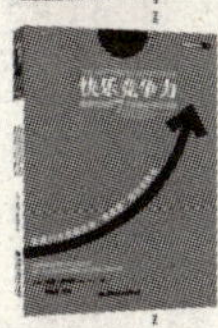

《金融之王》

《金融时报》·高盛2010年度最佳商业图书。
蓝狮子2011年度十大最佳商业图书，《第一财经日报》2011年度十大金融投资书籍。
一部优美的人物传记，一部独特视角的经济金融史。

《快乐竞争力》

蓝狮子2012年度十大最佳商业图书。
赢得优势的7个积极心理学法则，全美10大幸福企业"幸福感"培训专用书。

《大客户销售》

蓝狮子·新营销2012最佳营销商业图书。
著名营销及销售行为专家孙路弘最新作品，一本提升大客户销售能力的实战秘笈。

《自营销》

百道网2013年度潜力新书。
全球最具创意广告公司CP+B掌门人的洞见之作，让好产品和好营销同唱一首歌。

《认知盈余》

2011年度和讯华文财经图书大奖。
看"互联网革命最伟大的思考者"克莱·舍基如何开启无组织的时间力量。
看自由时间如何成就"有闲"世界，如何引领"有闲"经济与"有闲"商业的未来。

《爆发》

百道网2013年度潜力新书。
大数据时代预见未来的新思维，颠覆《黑天鹅》的惊世之作，揭开人类行为背后隐藏的模式。

《微力无边》

2011年度和讯华文财经图书大奖"最佳装帧设计奖"。
中国最早的社会化媒体营销研究者杜子建首部作品，一部微博前传，半部营销后传。

《神话的力量》

《心理月刊》2011年度最佳图书奖。
在诸神与英雄的世界中发现自我，当代神话学大师约瑟夫·坎贝尔毕生精髓之作。

《真实的幸福》

《职场》2010年度最具阅读价值的10本职场书籍。
积极心理学之父马丁·塞利格曼扛鼎之作。
哈佛最吸引人、最受欢迎的幸福课。

延伸阅读

《需求》

◎ 金牌商业畅销书作家、资深管理及咨询大师亚德里安·斯莱沃斯基最新作品，首度破解亚马逊 Kindle、彭博社、CareMore、美丽美国等全球最受顾客与雇员欢迎的企业运营奥秘。

◎ 作者亚德里安·斯莱沃斯基被评为“全球最具影响力 50 大思想家”（Thinkers50），被《哈佛商业评论》评为“全球 50 位最有影响力管理大师”。

◎ 锤子科技 CEO 罗永浩、亚马逊中国副总裁白驹逸、《创业家》杂志社社长牛文文等数位国内最佳实践代言人重磅推荐。

《谁是谷歌想要的人才？》

◎ 超级畅销书作者威廉·庞德斯通的最新力作，2013 年大公司面试第一书。威廉·庞德斯通已出版畅销书 13 本，两次获得普利策奖提名。

◎ 本书破解了谷歌、微软、苹果、通用汽车等世界 500 强公司的 82 道棘手的面试题，深入剖析了面试难题的 8 大类型，揭秘了世界顶级公司挑剔、冗长的招聘机制。

《全新思维》

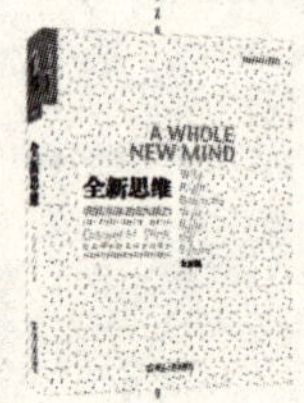

◎ 作者丹尼尔·平克是 TED 演讲嘉宾，他在书中所提出的 6 大全新思维能力，正是带领我们走上未来之路的关键所在。

◎ 《全新思维》标志了一个时代的转折，改变了我们看待并体验这个世界的方式，它一经上市即横扫美国《商业周刊》《华尔街日报》《华盛顿邮报》畅销书榜，并长踞《纽约时报》畅销书榜单之上。

《超级合作者》

◎ “新时代的达尔文”、明星科学家马丁·诺瓦克 24 年前沿研究之集合，创立第 3 进化原则，破解人类合作之谜，洞悉人类社会与行为。

◎ 著名经济学家、北京大学教授汪丁丁，浙江大学经济学教授叶航，哈佛大学教授、社会生物学奠基人爱德华·威尔逊，哈佛大学心理学教授史蒂芬·平克，联袂推荐。

图书在版编目（CIP）数据

追寻优雅：众多的好点子都缺失了什么 /（美）梅著；常利译．—北京：中国人民大学出版社，2014.1

ISBN 978-7-300-18191-2

Ⅰ．①追… Ⅱ．①梅… ②常… Ⅲ．①经济管理—通俗读物 Ⅳ．① F2-49

中国版本图书馆 CIP 数据核字（2013）第 240283 号

上架指导：商业理念 / 经济管理

本书法律顾问 北京诚英律师事务所 吴京菁律师

北京市证信律师事务所 李云翔律师

追寻优雅:众多的好点子都缺失了什么

［美］马修·梅 著

常利 译

Zhuixun Youya: Zhongduo de Haodianzi dou Queshi le Shenme

出版发行	中国人民大学出版社		
社　址	北京中关村大街 31 号	邮政编码	100080
电　话	010–62511242（总编室）		010–62511398（质管部）
	010–82501766（邮购部）		010–62514148（门市部）
	010–62515195（发行公司）		010–62515275（盗版举报）
网　址	http:// www. crup. com. cn		
	http:// www. ttrnet. com（人大教研网）		
经　销	新华书店		
印　刷	北京中印联印务有限公司		
规　格	170 mm × 230 mm　16 开本	版　次	2014 年 1 月第 1 版
印　张	14.25　插页 1	印　次	2014 年 1 月第 1 次印刷
字　数	196 000	定　价	45.90 元